大足石刻史话

李小强 著

杨光宇 唐长清 罗国家 等摄影

江苏凤凰美术出版社

图书在版编目（CIP）数据

大足石刻史话 / 李小强著；杨光宇等摄影. -- 南京：江苏凤凰美术出版社，2019.8（2024.4重印）

ISBN 978-7-5580-5687-1

Ⅰ.①大… Ⅱ.①李… ②杨… Ⅲ.①大足石窟－石刻－史料 Ⅳ.①K879.27

中国版本图书馆CIP数据核字（2019）第151859号

策　　划　毛晓剑　程继贤

责任编辑　龚　婷

责任设计编辑　陆鸿雁

责任校对　吕猛进

责任监印　生　媛

书　　名　大足石刻史话

著　　者　李小强

出版发行　江苏凤凰美术出版社（南京市湖南路1号　邮编：210009）

制　　版　南京新华丰制版有限公司

印　　刷　合肥精艺印刷有限公司

开　　本　718mm×1000mm　1/16

印　　张　15.25

版　　次　2019年8月第1版　2024年4月第3次印刷

标准书号　ISBN 978-7-5580-5687-1

定　　价　68.00元

营销部电话　025-68155675　营销部地址　南京市湖南路1号

李小强，70后，大足石刻研究院副研究馆员，著有《大足道教石刻论稿》《崖壁上的世俗文化》等专著，发表有50余篇大足石刻研究论文、百余篇大足石刻欣赏性文章。

《大足石刻史话》是一部介绍大足石刻发展历程的通俗读本，书中图文并茂地解读了大足石刻一些重要龛窟的艺术、历史价值，讲述了这份独特世界文化遗产的诸多文化内涵。该书是重庆市大足区2018年度科技发展项目（人文社会专项：DAkJ，2018ABB1014）。

千年的回望——大足石刻历程

（代　序）

在大足险峻的山崖之上，迄今仍保存着世界石窟艺术最后的一座丰碑。大唐永徽年间（650—655 年）的某一天清晨，铁石撞击的场景，在一处名叫尖山子的山顶处出现，从而响起了大足石刻的第一声开凿之音，开启了之后 5 万余尊造像、10 万余字铭文的雕琢之声！

沧海桑田，岁月悠悠，延续千余年的大足石刻，几度沉寂，又几度兴盛。

晚唐时节，战乱纷纷。公元 892 年的大足北山永昌寨内，一群工匠却在崖壁上精心雕琢着北方天王和千手观音像，镇守一方的昌州刺史韦君靖，虔诚地站立在造像面前，默念着他的祈愿——其中或许就有渴求在这个动荡不安的时局里，一直如同永昌寨这般安宁。而由此，拉开了大足石刻大规模的造像之风。

北山石刻长廊

在此之后，历经 270 年的经营，方具今日北山石刻多达 300 多龛窟的规模。在北山长约里许、形若星月的佛湾中，佳作连连，晚唐时期观无量寿佛经变，布局严谨，造像多达 500 余身，是中国石窟同类题材中的代表作；雕琢于 1142—1146 年间的转轮经藏窟，采光设计与造像艺术完美地融于一体，美神荟萃，被美学家王朝闻称为“东方维纳斯”的普贤菩萨像，800 年来一直在窟内略带微笑面对着世人，故此窟被誉为“中国石窟艺术皇冠上的明珠”。而它的雕刻匠师是来自河南的胥安，在中国雕刻艺术历史上，他的作品仅有此窟。南宋第 125 号数珠手观音，姿态微妙、神态天真，俨然已无菩萨之威严，故有“媚态观音”的称谓，体现出大足石刻世俗化的艺术特点。

宋代是大足石刻最为辉煌的时期，就在北山接连不断的叮当声中，在大足乡里那些弥漫着田野气息的山地上，也此起彼伏响起了石刻的造像声。石篆山是一处散布着奇形怪异岩石的地方，在这里，昔日的庄园主严逊，于北宋 1082—1096 年间，请来了祖籍四川安岳的名匠文惟简父子像，将佛教的佛像、道教的老君像和儒家的孔子，分别雕琢在三个龛中。之后的 1144 年妙高山石窟中，儒、释、道三位圣人同处在一个 9 平方米的窟内。于此，曾经在中国长达许久的三教争论，在大足一地的民间之中，相处甚无碍，默语近千年。

与此相近的年代，在石门山，佛教与道教的造像相互毗邻，各展其艺，南宋初期的佛教十圣观音洞与道教的三皇洞在洞窟设计上虽然大体相仿，但是各自的内涵却不尽相同，前者的观音群像是大足石刻难得的佳作，后者是中国道教石窟艺术的经典之作。道教在此时还各自有着自身的造像，殊为难得，在南山，出现了道教神系最为全面的造像窟——三清古洞。

宝顶山石刻（局部）

石刻的延续，也在积淀和孕育着辉煌杰作的涌现。或许是公元1179年一天的清晨，霞光铺洒在宝顶山，大足米粮里出生的僧人赵智凤，静静地站在后来名为大佛湾的山顶上，就在这一刻，或许一个连他自己都没有意料到的构想，出现在心中，那就是要在宝顶山营建一座以大、小佛湾为中心，遍布四周10余处结界像的大型密宗道场。在这些奇峭嶙峋的崖壁上，要以半身的形象，雕刻出横贯天地之间的释迦涅槃像；要以千手千眼的完美形态，展现出千手观音的恢宏气势；要以散发着田园气息的牧牛场景，来表述禅宗的修行过程；要以一组父母含辛茹苦养育子女的父母恩重经变，来展现自身的孝道思想……

而这一时刻的想法，成了他 70 余年孜孜不倦的行为，从而成就了这座迄今仍遗存在大足宝顶山的石窟艺术丰碑！

历千余年的积淀，大足石刻这处天才的艺术杰作，迄今已成为一处为了全人类利益，而需加以保护的世界文化遗产。

回首岁月，一代又一代民众、僧尼和匠师，殚精竭虑着这一处文明奇迹的诞生。历史的给予有时候是幸运的，今天我们还能仰望着崖壁上他们的名字和形象，仰望他们那个时代辉煌的艺术杰作！

大足石刻博物馆远眺

目 录

千年的回望——大足石刻历程（代序）

第一章　唐代

大唐永徽年间，尖山子响起大足石刻雕琢第一声 …… 2
临流亦自唱清歌：与香泉相伴的唐代石刻——圣水寺 …… 6
可补《唐书》之缺的这件碑刻，记载了哪些史实呢？ …… 10
不破楼兰终不还！雄浑豪壮的北山唐代天王像 …… 14
观音、地藏为何同处一龛？从北山石刻第 58 号说起 …… 18
“天龙八部”之大足石刻晚唐版 …… 21
精致绝伦的唐代雕刻杰作——北山第 245 号观无量寿佛经变相 …… 24

第二章　五代

北山第 253 号观音、地藏龛的疑惑：题名不全？有道教造像？ …… 28
精细简约，玲珑别致：北山五代第 273 号千手观音龛漫笔 …… 32
少见！佛经未记载的造像题材组合龛：北山五代药师变 …… 36

第三章　北宋

大钟寺圆雕造像：弥补大足石刻百年造像历史空白 …… 40
石篆山：一处汇聚三教文化的石刻胜地 …… 43
忽如一夜春风来！大足道教石刻早期经典之作：石篆山老君龛 …… 48
为什么会将石篆山高僧造像，认为是鲁班像呢？ …… 51
宋代大足人心中“圣母”形象，从石篆山龛像说起 …… 53
“云想衣裳花想容！”北山第 180 号观音变相窟 …… 56
玄奘取经故事图，为何出现在大足北宋五百罗汉窟之中？ …… 59
密宗流传大足的见证：以北山孔雀明王窟等为例 …… 62
大足石刻唯一的弥勒下生经变图：北山第 176 号窟 …… 66
争议不断的北山第 177 号窟：地藏窟，还是泗州大圣窟？ …… 70

第四章　南宋（上）

祈干戈永息！“靖康之难”后营造的北山如意轮观音窟 …………………… 74
大足南山之上，有个宋代道教神系完备的造像洞窟…………………………… 78
北山石刻的一幅线刻图，何以引来诸多疑问 ………………………………… 82
“仪态俶谲，非复人间！”走进石门山十圣观音洞…………………………… 86
中国宋代石窟艺术巅峰之作：北山转轮经藏窟 ……………………………… 90
纯道教造像的舒成岩石刻，是什么道派所为？ ……………………………… 96
在大足妙高山，儒释道三教主尊共处一洞窟 ……………………………… 101
800多年前的千里眼和顺风耳，原来长这个模样！ ……………………… 104
宋代建筑与雕刻艺术的佳作：大足多宝塔 ………………………………… 107
发现：一位铁匠，800多年一直深藏在大足多宝塔中…………………… 111
北山佛湾南宋时期光辉作品之一：第125号数珠手观音 ………………… 114
北山摩利支天像：集天女柔美与战神凶猛于一身………………………… 117
静观水中月：从北山第113、133号水月观音说起 ……………………… 121
宋代道教造像的绝巅：石门山三皇洞 ……………………………………… 125
八戒的前身“天蓬元帅”，在大足居然是如此威武………………………… 129
大足石刻之水下版：十王殿石刻 …………………………………………… 132
《赵懿简公神道碑》《古文孝经碑》两通名碑，何以同处一龛？ …… 137
800多年前，他们在大足是这样避暑的 …………………………………… 140

第五章　南宋（下）

赵智凤：清苦70余年营建石窟艺术集大成之作 ………………………… 144
走进幽邃神秘的宝顶山小佛湾 ……………………………………………… 147
三界轮中万种身：宝顶六道轮回图中的宋代生活场景 ………………… 151
宝顶山华严三圣，其实之前被称为“三世佛” …………………………… 154
千手奇观，天下一绝：宝顶山千手观音 …………………………………… 157
“真容伟巨”的宝顶释迦涅槃图及生平事迹图 …………………………… 161

匠心独具的典范之作：宝顶山毗卢道场 …… 165
一曲人间父母挚爱的颂歌：宝顶山父母恩重经变 …… 169
宝顶山雷音图中，雷神为何为猪首人身形？ …… 173
讲述释迦行孝的大型雕刻图：大方便佛报恩经变 …… 177
呈现出诸多新意的宝顶山观无量寿佛经变 …… 181
石窟艺术同题材登峰造极之作：宝顶山地狱变相 …… 186
密宗流传的实物见证：宝顶山柳本尊行化图 …… 190
一曲浪漫的田园牧歌：宝顶山牧牛图 …… 193
大足石刻最大的造像洞窟：宝顶山圆觉洞 …… 198
明王像前的狂想：宝顶山十大明王龛 …… 202
宝顶山石刻：淌动的匠心 …… 205
大宋“攻镌”：大足宋代石刻工匠漫谈 …… 207

第六章　明清

明代大足石刻规模最大的摩崖造像：千佛岩 …… 212
大足石刻真武大帝造像：从南山第 1 号说起 …… 215
技艺精巧的明代成化年香炉：大足石刻香炉漫谈 …… 218
宝顶山石刻的晚期雕像 …… 221

回望：大足石刻发现之旅（1818—1945 年） …… 225

后记 …… 231

第一章 唐代

大唐永徽年间，尖山子响起
大足石刻雕琢第一声

——唐永徽年间（650—655 年）

公元 650 年正月，唐高宗李治登上皇位，将自己的年号取名为“永徽”，并一直沿用到公元 655 年 12 月。

历史的步履，大多时候是在延续着前行的足迹，如“永徽”这短短的 6 年，边陲安定、百姓阜安，颇有贞观时期（627—649 年）的遗风，后来被史学界称为“永徽之治”。与此同时，历史的前行之中也在孕育着新的事物，永徽三年（652 年），长安城慈恩寺内开始营造一座佛塔，专门收藏高僧玄奘从印度携带回来的佛教经卷，它就是大雁塔。永徽四年（653 年），唐太宗之弟，滕王李元婴开始在洪州（今江西南昌）修建滕王阁，其后，因为初唐四杰之首王勃一句“落霞与孤鹜齐飞，秋水共长天一色”而流芳于世！

也是在这永徽年间，西南边陲的巴蜀地区，一处海拔仅 449 米的山间崖壁上开始出现数尊佛像，从而开启了一处在田园之中的雕刻艺术殿堂，它就是——大足石刻！

尖山子石刻

这座山，后来被称为尖山子。

尖山子其实是一座极为普通的小山，如今依旧是杂草丛生、岩石遍布。沿着村民走出来的小道顺势而上，没多久，便是一处极为陡峭的崖壁，在这势如刀削的崖壁上，便是尖山子摩崖造像。

1987 年 7 月，几位文物普查工作者也是沿着这样的小道，来到了当时大足宝山乡建角村（今大足铁山镇建角村）尖山子石刻之下。那时，大足石刻开凿的第一声，他们一直认为是晚唐景福元年（892 年），在大足北山石刻响起。

普查人员的目光仔细在崖壁上凝视。其中，一处高、宽 1 米多的造像龛，在正中端坐一身佛像，双脚踏在莲花之上，两旁站立两位弟子、两尊菩萨、两身天王，在前方的石台下，蜷伏两头石狮，他们对称布列在佛像的两侧。这些造像，基本上仅仅是保存着较为完好的轮廓，以及脑后的头光。但是，仍依稀可见昔日的风姿，比如佛像左侧的菩萨造像，轻薄透体的衣裙下，体形完好，腹部微凸，手臂肌肤丰柔，肘部悬带轻盈飘逸，略具唐代菩萨造像的气息。

他们的目光继续在这个造像龛的周围搜寻。在左侧壁外凹凸不平的石壁上，一行竖刻的小字吸引了他们的目光，经过辨识，刻的是“永徽□年八月十一日”，也就是说，这龛造像雕琢的时代在唐高宗永徽年间（650—655 年）。这一处准确的唐代永徽年间题记的发现，从而将之前认为大足石刻开凿于晚唐景福元年的说法，提前了 230 多年。

第 7 号弥勒说法龛

永徽年号题记拓片

这个铭刻着“永徽”年号的造像龛，后来被文物研究者编号为第 7 号，并将题材识别为弥勒说法龛，也就是说，正中端坐的佛像为弥勒佛像。

在尖山子的崖壁之上，据《大足尖山子、圣水寺摩崖造像调查简报》一文（《文物》，1994 年，第 2 期），一共分布着 9 个有造像的龛，虽然多数造像龛未见有年代题记，但是从风格、题材等来推断，他们的年代，大致在永徽年之后不久的一个时期。

在这些造像龛中，第 4 号龛占据的崖面较大，为双重龛楣，高 2.1 米、宽 1.94 米，雕刻的题材为一佛五十菩萨像，正中的主尊为佛像，在其周边雕刻 50 身菩萨像，或加两身大菩萨而成为一佛五十二菩萨图。“一佛五十菩萨”是一种较为特殊的造像题材，在今四川省的巴中、绵阳、安岳、资中、仁寿等地，北方石窟中的龙门、敦煌等地都有保存。有学者初步统计有 40 多处，其中在巴蜀地区保存最多。尤其值得一提的是在四川梓潼县的卧龙山石窟中，保存有此题材目前所见最早纪年的造像，据当地保存的《阿弥陀佛并五十二菩萨传》石碑记载，唐贞观八年（634 年），一位叫道密的僧人组织建造了阿弥陀佛和 50 身菩萨像。不过，这种造像题材并非最早出现在四川地区，卧龙山石窟石碑记载在隋代开皇十六年（596 年），就已经“供养于京（指隋代的都城长安）”，这通碑文中的一些叙述，在唐代僧人道宣撰写的佛教文献《集神州三宝感通录》中，也有较为一致的记载。《集神州三宝感通录》记载：据说阿弥陀佛 50 身菩萨像，是“西域天竺之瑞像也”，有天竺鸡头摩寺五通菩萨，往安乐界请阿弥陀佛，希望得到佛像。佛对他说，你先回去，佛像立即就会出现，其后果然如此。所见到佛像为一佛五十菩萨，各坐于莲花上。五通菩萨便将此像绘成图，加以流传。其后，还记载了该题材在中土流传的情况，其中，提到了北齐著名的画家曹仲达，曾经创作过此题材的绘画作品（王惠民：《北山 245 窟的图像与源流》，《2005 年重庆大足石刻国际学术研讨会论文集》，文物出版社，2007 年）。

一佛五十菩萨像造像题材主要流行于初唐，在盛唐之后就较为少见。大足尖山子这龛造像虽然大多仅保存有轮廓，但他们的形象栩栩如生，尤其是那些环绕在主尊周边的菩萨造像，或低头思索，或单手托首，或侧身而坐，或双手合十……姿态纷呈，其中有数身菩萨，相互对坐，身体均向外倾斜，似乎正谈笑风生，相视大笑。工匠们当初在设计时，既有整体的布局，又充

第 4 号阿弥陀佛五十菩萨龛

分考虑到赋予每一尊像生动的气息，从中，似乎领略到了唐代艺术那种充满生命活力的特点。

事实上，尖山子那些漫漶的造像之中，还留着诸多的疑惑，一直令世人久久思虑。这其中，如当时出资营造的人是谁？他们祈愿的目的究竟又是为何？还有，在永徽之后的乾封元年（666 年），一群雅士来到这里观赏留恋，并留下“乾封元年八月廿日等来此游”的简短题记，这些人，会是谁呢？而最令人疑惑不解的是：这一处造像为何出现？唐代永徽年间，尖山子一带地属普州普康县管辖，直到永徽之后百余年的唐乾元元年（758 年），唐肃宗采纳左拾遗李鼎祚奏议，置昌州，管辖昌元、静南、大足三县，此地才属于昌州管辖。那么，当时是在什么背景下，在尖山子出现有佛教摩崖造像呢？不过，毋庸置疑的是尖山子作为川东地区早期的一处佛教造像点，对其后大足、安岳等地石刻艺术的兴起，无疑具有极其重要的意义。

如今，在大足一地，追溯石刻雕琢的历史，尖山子这座小山之上保存的佛教石刻，成为今天大足境内最早的摩崖造像。当时工匠在尖山子崖壁上雕琢的第一声响起之后，从而在大足的田野之间、崖壁之上，开启了一座文化与艺术殿堂的营造。

临流亦自唱清歌：与香泉相伴的唐代石刻——圣水寺

——中晚唐时期

在大足石刻诸多的造像点中，有一处石刻，不仅造像时间甚早，而且还与其所毗邻的山泉一道，互为景致，成为后人怀古、游赏之地。

在今高升镇胜光村境内，大多为蜿蜒连绵的山峰，其间是平坦的坝子，溪流淙淙、阡陌交错。其中有一处山，当地人称为"寨子坡"，也叫"圣水岩"。在这处山顶之上，有一凸显的巨大岩石，其上雕琢有石刻造像，它就是圣水寺石刻。在它不远处对面的山顶也有一巨石，其间常年流出汩汩的山泉。

圣水寺石刻在 1984 年被调查发现，这里的造像被通编为第 10 号。在山顶巨大岩石之上，造像分为上、下两层布列，其中下层的造像保存较为完好。

在圣水寺这些造像中，一龛千手观音造像颇受关注。编号为第 3 号的千手观音龛，是一个双重门楣的平顶龛，外龛高 2 米、宽 2.38 米，内龛高 1.57 米、宽 1.74 米。主尊千手观音结跏

圣水寺千手观音龛

趺坐在莲台上，莲座之下为束腰须弥座。观音头戴的花冠已漫漶不清，脑后有圆形头光，在观音周围高浮雕 42 只正大手，手臂沿崖面上部和左右两侧伸展开来，多数器物已不存，其中还可辨识化佛、宝篮等数手。高浮雕手外侧，一椭圆形框内，浅浮雕数百手。龛内和龛外侧的左右两壁，刻有众多的部众和眷属造像，分为三层，这些造像中，可辨有身着甲胄的天王、手中端盘的功德天、三头六臂的护法，以及婆薮仙等像。

圣水寺的这龛千手观音造像，是大足石刻中开凿年代最早的千手观音造像，它继承了巴蜀地区之前的千手观音相关的图像特点，为其后大足石刻千手观音造像的雕琢奠定了基础。值得关注的是：圣水寺的这龛千手观音造像，与北山晚唐第 9 号千手观音造像在构图上极为相似，显示出二者之间的某种联系。这种情况，也体现在圣水寺第 5 号与北山晚唐第 51 号这两龛之间。

圣水寺第 5 号为三世佛龛，龛内正壁雕琢三身佛像，皆是坐在莲台之上，左右侧有菩萨像，其中左侧站立的菩萨，身饰瓔珞，体绕披帛，左手下垂执净瓶，右手上举持物（杨柳枝？）。龛门两侧各有一身力士，左侧力士头虽不存，但披帛飞舞，肌肉暴凸，一派勇武有力、豪迈矫健的气势。该龛造像从龛形、主尊布局、风格等与晚唐光化二年（899 年）的北山第 51 号龛较为接近。

除此之外，圣水寺石刻保存较好的还有第 2 号观音菩萨龛等。

圣水寺石刻中，未见任何唐宋时期的造像题记，那么它的年代大致为多久呢？调查者根据造像龛的形制、题材及雕琢手法认为：这里的造像基本上“应为中晚唐作品”，并且特意提到“第 3 号龛的千手观音像龛，是巴蜀地区唐中期开元、天宝年以后出现的题材”（重庆大足石刻艺术博物馆《大足尖山子、圣水寺摩崖造像调查简报》，《文物》，1994 年，第 2 期）。同时，结合圣水寺造像与北山石刻造像之间的关系，可知在北山石刻营造之前。

那么，又为何在这处而今是荒烟野蔓的山地之上，有这么精细的唐代造像出现呢？研究人员通过对唐代昌州历史的梳理，特别是梳理古静南县的设置，为圣水寺摩崖造像的出现，或许能寻找到一个较为合理的答案。

唐代乾元元年（758 年），割泸、资、合、普四州地置昌州，下辖昌元（今荣昌）、大足、静南三县，州治在昌元。唐代大历六年（771 年），昌州州治毁于兵火，州县俱废，所管之地又重归之前的属地。大历十年（775 年），又复置昌州，州治迁移到静南县。一直到晚唐景福元年（892 年），昌州州治迁移至大足，同时撤销静南县并入大足县，也就是说静南县曾作为昌州州治长达百余年。

对于静南县的准确位置，由于文献具体记载的缺失，说法不一，分别有在大足境内的“龙水”说、“县东南”说、“高升”说、“三溪”说等。其中的“高升”说，即指当年静南县治在今大足高升镇内，在此镇内，有一平坦的大坝，今称为“太和大坝”“张家坝”，也被当地村民称为“静南坝”，坝内还曾出土有瓦砾、基石；附近的宝丰寺内，还有明代造像记刻有“静南乡”之名。这些迹象表明，静南坝一带就是故静南县治所在地。而毗邻静南坝数里之近的圣水寺石刻，其造像的雕琢自然也极可能与这里在唐代作为州治有关。换个角度来说，如果静南坝不是唐代昌州州治百余年的静南城池，在附近的圣水岩出现唐代造像的可能性是极小的（详见《故静南县城址当在高升乡太和村——也探唐静南县治遗址》，陈明光：《大足石刻考察与研究》，中国三峡出版社，2001 年）。

而另外一个重要的佐证，就是其后文献对圣水岩的记载。

南宋时期，由王象之编纂的地理志书《舆地纪胜》中，就有“圣水岩”的记载。在《舆地纪胜》这样一部总括宋代地理的志书中，居然有而今看来地势偏远的圣水岩的记载，可见此地在当时就颇有名气，或许与这里曾毗邻昌州州治静南有关。

其后，圣水岩也吸引了一些慕名造访的人士。清代，大足知县李德来到圣水寺山顶之上，仰观唐代摩崖造像，漫步至不远处圣水岩（亦称“滴水岩”）处，见岩缝清泉滴入水池之中，漾起层层碧波，不禁吟诗一首：

香泉一道落城阿，点点清流静不波。
蛟讶珠联相觅切，鱼猜水调出听多。
滴开萍影浮新月，蹴起回文漾碧螺。
孺子何知天籁发，临流亦自唱清歌。

“滴水清波”题刻

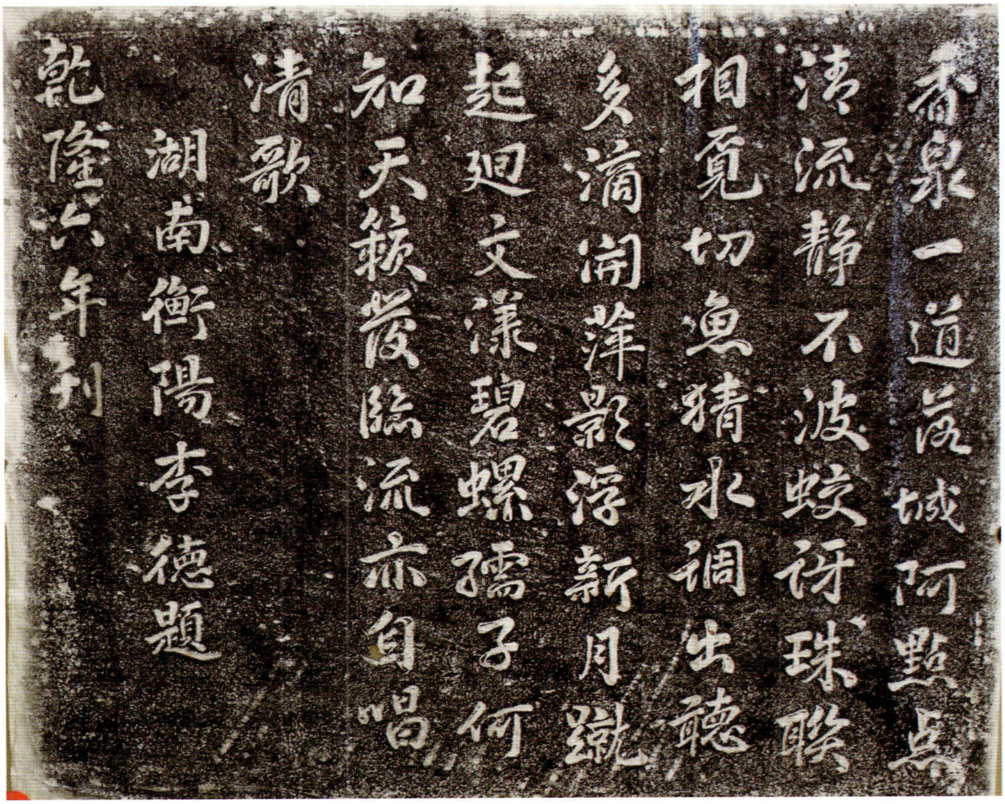

李德七言绝句碑拓片

这处景致，随后在李德所修的《乾隆大足县志》中，作为大足的“八景”之一被列入，并美其名为“滴水清波”。在今滴水岩的上方，还刻有李德书写的“滴水清波”四个大字和诗作，诗后署名“湖南衡阳李德题，乾隆六年刊”，可知为 1741 年上书于此。

当年身为县令的李德，为何来到这个偏远的山峦？是为了探寻圣水寺石刻的碑刻文字呢，还是为了寻找静南县的遗迹，抑或是仅仅为滴水清波的这道景致而来？我们都已无从得知。而今，滴水依旧从崖壁之间流淌而出，而历史的步履却已渐次走远……

可补《唐书》之缺的这件碑刻，记载了哪些史实呢？

——唐乾宁二年（895 年）

在大足陡峭的崖壁上，碑刻往往与造像相错交织。那些渐渐漫漶的文字，一笔一画都在诉说着昔日那些虔诚的话语，以及人们淳朴的向往，还有那些不为人知的历史细节，其中，《韦君靖碑》就是这样一件可弥补晚唐历史空缺的碑刻！

《韦君靖碑》是大足境内极其罕见的唐代碑刻，位于北山佛湾南段之首，刻在高 2.6 米、宽 3.1 米的石壁上。碑刻的内容，主要分为两个部分，上部主要叙述韦君靖的生平事迹，下部刻有 145 名节级将校的名衔。这件碑刻由韦君靖所建，静南县令胡密撰文，刻碑的时间为唐乾宁二年（895 年）。因碑刻主要叙述韦君靖生平，所以被后世称为《韦君靖碑》。而今，这件原刻有 4 300 多字的碑刻，即便是通过历史文献的校补，仍缺百余字。

千余年的历史风沙，虽让这件碑刻上的文字渐渐漫漶，但却在大足石刻多次考察与研究中，受到专家的称道。1945 年 4 月，由马衡、顾颉刚等著名学者组成的大足石刻考察团来到碑刻前，不由得说道："一篇韦庄的《秦妇吟》，表现了晚唐中原的动荡，而一块胡密的《韦君靖碑》也反映出晚唐东川的形势"（吴显齐：《大足石刻考察团日记》，《民国重修大足县志》卷首"大

《韦君靖碑》和韦君靖像

足石刻图征初编”），“可补新旧唐书及新旧五代史之缺略”（吴显齐：《介绍大足石刻及其文化评价》，《民国重修大足县志》卷首“大足石刻图征初编”）！

那么，这件碑刻究竟记载了些什么历史呢？

记载韦君靖生平事迹，并从中反映出当时川东一带形势，是这件碑刻最为重要的部分。碑刻叙述韦君靖“少蕴大志”，“为一时之英俊者也”。唐僖宗乾符年间（874—879年），“天下骚然，蝗旱相仍，兵戈四起”，韦君靖“合集义军，招安户口”，不久便“足食足兵”。其后，黄巢攻入长安，唐僖宗逃往成都，此时天下形势可谓是“四海波腾”，巴蜀地区则是“三川鼎沸”，也即先后发生了著名的“三川”之战：涪州韩秀升起义、西川陈敬瑄征讨东川杨师立、王建讨伐陈敬瑄。这些战事，韦君靖可以说是无役不从，并且屡建战功，由“普州刺史”，多次升迁，后为“昌州刺史，充昌、普、渝、合四州都指挥，静南军使”，即掌管今重庆、大足、合川和四川安岳一带的最高军事长官。此时，韦君靖便寻思建立一个稳固的军事基地，唐景福元年（892年），决定在今大足城区西北不远处的龙岗山一带，修建永昌寨。并请来工匠，在寨内雕琢佛像。

《韦君靖碑》还记载了在龙岗山建永昌寨的事迹。碑刻描述，位于大足城区西北一带的龙岗山，断岩削壁遍布，道路崎岖不平，有一人当关、万夫莫开的险要地势。景福元年（892年），韦君靖在此营建永昌寨，碑文记述了规模巨大的寨内情况，其内有“峥嵘一十二峰，周围二十八里”，当时邀请了良工，在山上筑造城墙2 000余间，敌楼100余所，在上面贮藏有10年的粮草，屯兵数万之多。

历数代风霜洗礼，昔日军事重寨早已经褪失风貌。不过，永昌寨浩大的工程和规模，以及丰富的历史信息，令多少后来者登临群峰，睹残壁断墙，抚古碑遗迹。然而，这处在碑刻文献中屡屡提及的古寨，究竟保存得如何呢？

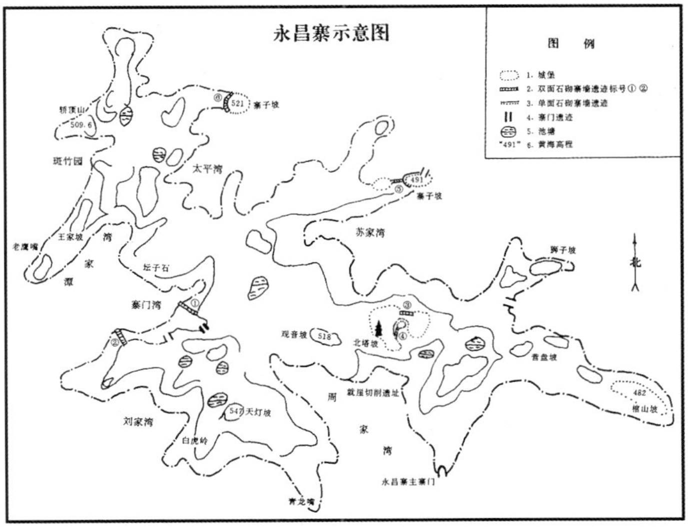

永昌寨示意图

（采自《唐末昌州永昌寨考略》文）

这一疑惑，直到20世纪80年代，因为几位地方史志专家的调查才有了新的答案。令调查者激动不已的是：因为古寨的区域大，保留着不少的遗迹，这其中，有大段大段的双面石砌寨墙，总长度约437米，而这种寨墙，在规制、墙石形制以及堆砌方法上都是一致的；有寨门，其中“491”寨子坡的寨门，在近2米高的门上，两块长2.1米的巨石压于其上；甚至在石壁上存有模糊不清的字迹，可见昔日修建山路的记载；有屯田遗迹，今山上仍有波光粼粼的水田，散布在山石之间；有晚唐时僧尼造观音像的题刻，与碑刻中记载建有寺庙，僧尼在其间每天诵念佛经的史实吻合……调查估算，整个永昌寨面积达3.63平方公里，由此来看，碑文记载有“十二峰”，不是夸张，可能实有其数。类似永昌寨这样一个城寨合一、军政一体的古寨，可谓是唐代寨堡的一个代表（详见：刘蜀仪、陈明光、梁洪、张划：《唐末昌州永昌寨考略》，《大足石刻研究文集》，重庆出版社，1993年）。

《韦君靖碑》对了解北山石刻最初的开凿，是极其珍贵的史料。碑刻记载韦君靖在营建永昌寨之际，“又于寨内西……翠壁琢出金仙，现千手眼之威神，具八十种之相好”。

在20世纪的研究中，对于碑刻中说到的千手观音像（“千手眼之威神”），学者们都认为是指毗邻《韦君靖碑》的第9号千手观音龛。它在高2.91米、宽2.45米、深1.4米的龛正中刻千手观音，端坐金刚座上，头戴花冠，冠中有坐佛，胸前有璎珞，双足下垂放于双莲花台上。观音身前和上部、左右两侧为正大手，可见化佛手、宝篮手、宝瓶手、葡萄手等。观音脑后有

北山第9号千手观音龛

圆形头光，光内有双层莲瓣，莲瓣外有火焰纹。在观音身姿和头光之后，有圆形背光，其内阴刻摊开的手掌，掌心处刻有一眼。

在观音像座左边，雕刻瘦骨嶙峋、作乞讨状的饿鬼；右边雕刻双手捧袋的贫者像。龛顶部有两身飞天，祥云环绕，翱翔于云端。两侧壁刻有诸多的神像，大多位于祥云之中，有十方诸佛、文殊和普贤、四大天王、力士等，之外，还有位于12面连鼓之中敲鼓的雷神，手持风袋的风神，须发下垂、手持杖的婆薮仙等。

该龛造像为大足石刻唐代重要作品之一。造像在图像和布局等方面，与之前巴蜀地区丹棱、内江以及大足圣水寺等地的千手观音颇为相似，暗示出石刻造像图像传播的线路。

将此龛确认为《韦君靖碑》中记载的千手观音像，在2001年的调查发现得到了更为充分的印证。在千手观音龛外的下端，发现一则题记，有“召（招）募良工，镌大悲观世音菩萨天龙□部众一龛”等字，其中可辨“□校司空使持节都督”官衔，在《韦君靖碑》中百余位节级将校的名衔中，仅有韦君靖署“检校司空、使持节都督昌州诸军事……”因此，第9号龛是韦君靖所开凿。

除此之外，韦君靖营造的龛窟，结合造像区域、风格等特点，目前学术界认为毗邻《韦君靖碑》的第3号天王龛、第5号北方天王龛、第10号释迦牟尼佛龛等，也大致开凿在韦君靖营建永昌寨这一时期。这些造像中，第10号龛左侧观音造像颇受世人称道，她双手执一莲花，脸庞丰满，亭亭玉立，尤其是璎珞、裙衫上细密的线条，隐约可见肌体起伏，大有“曹衣出水”之意味，颇具唐代造像艺术的神韵，可谓大足石刻晚唐菩萨造像的代表作品。

在《韦君靖碑》中，未提及韦君靖之后的去向，对此，学术界有两种说法：一种是不知所踪；另外一种是说他投靠前蜀王建，并更名为“王宗靖”，关于这一点，主要是今北山第51、58号龛内，有王宗靖的造像题记，其官衔与韦君靖大致相同。历史的真相究竟如何，还有待于不断的探索和发现。

在《韦君靖碑》旁，刻有身高2.16米的韦君靖站像，他头戴软脚幞头，脸庞丰满，右腰处系有印和紫金鱼袋，双手拱于胸前捧朝笏（残）。该像虽然有所风化，但是仍可见韦君靖气度不凡。据考，该像为五代时期韦君靖的部将所立。

时光的风沙，每天继续在这件千年前的唐代碑刻上悄悄侵蚀，那些文字之中蕴藏的历史史实，究竟还有多少没有被发现、被了解呢？或许随着发现的步履，那段晚唐的历史真面目，会越来越清晰。

韦君靖像

不破楼兰终不还！
雄浑豪壮的北山唐代天王像

——晚唐

千余年前川东一带永昌寨内的烽烟，如今已经演变为大足龙岗山上百姓袅袅升起的炊烟。那些远去的兵戈声，也变换成村民的闲话与笑语，时而在田间地头响起。

在这里，有这样一龛造像，透过那坚硬的石壁，仍能依稀聆听到远去的兵戈马蹄声，还有他们对兵荒马乱的愤慨，以及对无忧无虑的田园牧歌生活的向往！这龛像，就是今天北山石刻编号为第 5 号的北方毗沙门天王龛。

北方毗沙门天王位于北山南段，在高 2.95 米、宽 2.45 米的龛正壁，站立着身高 2.5 米的北方天王，头戴高方冠，双目圆瞪，脑后有牛角形火焰背光，身着铠甲，腰束革带，胸前挂牛角形腰刀。双手残毁，原手中持物不详。远远望去，天王像威武伟岸、高大魁梧。

北山第 5 号北方天王龛

北方天王像

部众像

在天王像的左右和下部，雕像多身，形象各异：或圆目阔嘴，持棒上举；或戴竖立两支长长翎毛的头冠；或身材短小，双手捧坛；或发呈火焰状上扬，头上抹额和颈下项圈皆有骷髅头；或半身出现在天王脚下，双手托天王战靴……他们是天王的部众和眷属，生动、多变的造型衬托了主尊的形象，似乎天王正率领部众疾奔，赶赴沙场。这一场景颇有唐代诗人王昌龄《从军行》诗中所叙“黄沙百战穿金甲，不破楼兰终不还”的雄浑、豪壮气势。

之外，北山第 3 号龛也被学者们认为是北方天王像，造像主尊天王身高 1.88 米，左右仅站立两身侍者。

北方天王为佛教四大天王之一，早在古印度就有所尊奉。唐代，大量专述北方天王的佛经传入汉地，如著名的密教高僧不空译过五种北方天王的经典，加之李唐王朝的宣扬，北方天王成为一种影响广泛的密教神祇。最具有影响的北方天王故事，为天王显圣于安西城一事。据唐代不空所译《毗沙门仪轨》介绍，唐天宝元年（742 年），大石、康五国围安西城，守将即请兵救援，而该城距京一万两千里，救兵需 8 个月才到，帝王采取僧一行的请北方天王神兵救援之策，请不空作法，帝王亲见天王第二子独健，领天兵来此辞别。不久，表奏安西城外“云雾斗暗，雾中有人身长一丈，约三五百人尽着金甲”，所奏鼓声“声震三百里，地动山崩”，五国军队甚为畏惧，乃退兵。而天王显圣的神样，也附在奏表之中。之后，“奉敕宣付十道节度，所在军领令置形像，祈愿供养”。

这个故事表明，北方天王具有护佑国家安宁、军事胜利的作用。因此，作为国家和军事的护佑神，便受到唐王朝的大力推崇。受此影响，晚唐之际，在大足北山修建永昌寨这处军事基地的韦君靖，在其寨内雕刻北方天王，应与护佑韦君靖部队军事胜利密不可分。

唐王朝对北方天王的推崇，也影响到巴蜀地区的石刻造像。调查发现，在巴蜀地区的巴中、通江、邛崃、夹江、资中、内江、荣县、安岳等地的石窟中，都雕琢有北方天王的造像，而雕琢的目的，基本上与北方天王被尊奉为护国、护军的保护神有关。

地处古代南北交通要道“米仓道”上的巴中，在南龛石刻中，开凿于乾符四年（877 年）的第 65 号、会昌六年（846 年）的第 94 号龛，都是以北方天王为主尊的造像龛。位于青衣江畔的夹江县千佛岩，现保存有 2 000 多尊石刻造像，故有“千佛岩”之称，造像开凿于隋代，兴盛于唐代。编号为第 107、134、136、159 号等造像龛，皆为中晚唐时期营造的北方天王像。如其中的第 134 号龛，高 1.92 米、宽 1.47 米、深 0.85 米，在龛门左右上方刻有雀替，正中站立北方天王，在左右和下方刻有 7 身部众造像。

在巴蜀地区中部的资中重龙山石窟中，保存有多达 16 龛的北方天王像，如第 15、21、25、27、46、47、49、50、56、58、64、67、79、88、106、127 龛，之外，资中西岩第 29、35 龛也是北方天王造像题材。其中重龙山第 106 号窟开凿于唐代大中年间（847—860 年），高 3.1 米、宽 2.51 米、深 1.01 米，龛内站立的北方天王身着甲胄，腰悬佩剑，神武勇健。在其身侧有地天、夜鬼、侍女、武士等造像。

资中重龙山第 106 号北方天王

从巴蜀地区保存丰富的北方天王造像来看，大足石刻中的北方天王像在图像上具有较多的相同之处，不过，也有其自身的特点。与巴蜀地区其他同题材的造像相比，北山第 5 号龛的侍从像特别丰富。这些造像的具体身份，也引起学者的浓厚兴趣，并在相关论著中加以叙说与推测，如左侧前排下方，身材粗短、双手捧坛的造像，被怀疑为毗沙门天王的第三子哪吒，其他一些造像有可能是经典中记载的夜叉罗刹与五行道天女等眷属像。另外，右侧上部一尊造像，目如铜铃，嘴阔怒张，发呈“火焰”上飘，上身赤裸，颈下悬骷髅，与佛经中记载的“深沙神”颇相近似。

而类似大足北山第 5 号眷属众多的北方天王像艺术题材，在敦煌莫高窟绘画中有所表现，如藏经洞发现的一幅绢画行道天王像幡，表现的是行道毗沙门天王乘云出巡，天王头戴宝冠，身着铠甲，一手托莲花宝塔，一手持戟。紧随其后的有吉祥天女、象头毗那夜迦、猪头天以及相貌丑陋的三夜叉恶鬼。画面色彩华丽，极具动感。

大唐的繁盛与荣华早已经远去，在史书之中被世人广为知晓。而回望这些图像上颇为相同的北方天王造像，不由得追问起历史的细节，当年，韦君靖延请而来的这些具有精湛技艺的“良工”们，他们是不是大足当地的匠师呢？如果不是，他们究竟来自何地呢？还有，他们是不是和韦君靖一样，都怀揣着一份祥和、安宁的祈愿呢？

观音、地藏为何同处一龛？从北山石刻第58号说起

——唐乾宁三年（896年）

在早期的石窟造像中，佛、菩萨造像的组合，以及讲述佛教故事的经变等造像题材，基本上都是遵循着佛教经典的描述来创作。随着佛教文化与艺术在汉地的传播，一些带有汉地信仰特色的组合题材开始出现，并成了世俗信众常见不鲜的造像题材，这其中，佛教中观音与地藏两位菩萨像同处在一个造像龛中，即是如此的组合题材。

北山石刻第58号位于佛湾南段石壁的下方，是一个高1.34米、宽1.24米、深0.58米的小型龛。在龛的正壁，主尊是两身菩萨像，左侧为地藏菩萨，结跏趺坐在莲台上，头和双手已经残坏，身后有火焰形背光，头上有七宝盖。右侧为观音菩萨，头戴高花冠，结跏趺坐在莲台上，身后也有火焰形背光和七宝盖。这两尊菩萨像中间，冉冉升起一朵祥云，云中跪蹲一位妇女，双手拱揖在身前。龛的左右两侧壁，各刻有一身站立的菩萨像，双手托一盘。

北山第58号观音、地藏龛

第 58 号龛正壁何七娘像

第 58 号左右侧壁造像

在龛左右壁外侧门柱上，分别刻有一则造像题记，记载了开凿这龛造像的时间、人物和缘由，特别是其中“王宗靖”一名的出现，引来学术界关于对韦君靖去向的一种猜测。

左壁外侧门柱造像记，首先记载了这龛造像主尊的名号，说“敬造救苦观世音菩萨地藏菩萨一龛”，由此可见龛中的主尊为观音、地藏两身菩萨像。其次，记载了造像的目的和时间，说到此龛造像是为故去的何七娘所造，祈愿她“承此功德，早生西方，受诸快乐”，并在乾宁三年（896 年）九月廿三日，“设斋表赞”，由此可知造像的时间；同时，正壁观音、地藏中间的祥云里的妇女像，应是故去的何七娘。最后是发愿造此龛的人物，为“检校司空守昌州刺史王宗靖造”，王宗靖的官衔，与韦君靖的官衔具有相似之处，在《韦君靖碑》中，记载韦君靖的官衔名号甚多，其中就有“检校司空”“守昌州刺史”，在碑刻后面的节级将校里，也仅仅韦君靖有此官衔；加之韦君靖、王宗靖都有一个“靖”字，因此就很容易联想起这个“王宗靖”，就是“韦君靖”。这个更名或许与前蜀建立者王建有关，王建有收“假子”的习惯，其“假子”有 120 人，如原来陈敬瑄部将谢从本，收为假子后名为王宗本等（杨伟立：《前蜀后蜀史》，四川省社会科学院出版社，1985 年）。因此，一些学者认为韦君靖其后投靠王建，更名为“王宗靖”。

在龛右壁外侧的造像记，记载了同在乾宁三年（896 年）九月廿三日这天，时为“节度左押衙检校左散骑常侍兼御史大夫上柱国”的赵师恪，为故去的外姑何氏妆饰完毕这一龛像。赵师恪这一名字，还出现在《韦君靖碑》后面的节级将校名中，官衔也有相近之处。从造像记可知，赵师恪是故去的何七娘的外侄。

观音与地藏，都是佛教中著名的大菩萨。地藏是冥府的主宰者，挽救亡灵“永不历三恶道苦”；观音是西方三圣之一，具有无量的智慧和神通，普救人间疾苦。在唐代之前的佛教造像中，观音与地藏像基本上是出现在不同的组合之中。大约在唐代开元天宝年间，观音与地藏的组合在同一龛窟之中，逐渐形成了定制，并在石窟艺术之中较多出现。此外，还有阿弥陀佛与观音、地藏的组合形式，这些题材的组合，不见于佛教经典的记载，具有世俗信仰的特色。对于这种现象，罗世平先生著《地藏十王图像的遗存及其信仰》（《唐研究》，第四卷，北京大学出版社，1998 年）的论文中，这样说道：“一者利生人，一者利亡灵。人之死生大事概于二菩萨密切相关。造像活动中观音、地藏并重的信仰行为，逐渐引起二菩萨造像形式由无序的错杂走向有序的组合。这一演进过程在四川石窟造像遗迹中有较清晰的线索可寻。”

据调查，观音、地藏组合出现之后，在巴蜀地区的石窟中雕琢尤多，在今广元千佛崖、巴中北龛和南龛、夹江牛仙寺、资中重龙山以及大足等地，保存了较多的唐朝时期的地藏、观音组合造像龛。由此可以看出，大足北山石刻第 58 号观音、地藏组合造像题材的来源，与巴蜀地区同类题材传播有极大的关系，这也为了解大足晚唐时期造像的来源提供了一个实物的例证。与大多观音、地藏组合龛相比，北山石刻第 58 号有一个题材组合上的特点，那就是在左右壁，各自刻有一身菩萨像，这在观音、地藏组合题材中，较为少见。

北山石刻第 58 号雕琢于晚唐乾宁三年（896 年），是大足一地出现这种组合较早的造像龛。北山石刻在晚唐、五代和宋代，类似组合的造像甚多，如晚唐时期，还有北山石刻第 52 号阿弥陀佛和观音、地藏龛；五代有第 53 号阿弥陀佛和观音、地藏龛（前蜀永平五年，915 年），第 244 号观音、地藏龛（后蜀广政八年，945 年），以及第 253、275、277 号等龛。宋代，此组合的题材继续有所雕琢，有第 117、121 号等龛。

北山石刻的这些造像中，也保存有一些造像记，记载造像的缘由，如第 52 号龛，为女弟子黎氏为她的亡夫，于乾宁四年（897 年）雕琢了阿弥陀佛、观音和地藏三身主尊像。第 53 号龛，为时任“右衙第三军散副将”的种审能，为其亡男所造，祈愿“化生西方，见佛闻法”。从这些造像题记来看，雕刻阿弥陀佛、观音和地藏同处一龛的缘由，一个主要的因素，是与佛教净土信仰在民间的影响有着密切的联系。

在大足石刻中，一些造像龛虽然规模小，但其饱含的历史文化信息颇为丰富，如：第 58 号龛，造像记为追溯北山石刻开凿者韦君靖的去向，提供了一种具有可能性的推断；而造像题材的组合，可见大足石刻晚唐造像的源流；这种观音、地藏组合的造像龛，也为了解佛教文化在世俗信仰中的传播，提供了难得的实物资料。

“天龙八部”之大足石刻晚唐版

——唐光化二年（899 年）

“天龙八部”一名，因金庸先生一部演绎生死情仇、爱恨别离、民族大义的同名武侠小说，从而妇孺皆知、众人皆晓。事实上，“天龙八部”作为佛教艺术的一个较为常见的题材，早在唐宋时期，就出现在佛教艺术作品之中。

“天龙八部”在佛教神祇中主要职能是护法，“八部”是指天众、龙众、夜叉、乾达婆、阿修罗、迦楼罗、紧那罗、摩睺罗迦这八个部众，由于天众、龙众最为重要，故称为“天龙八部”，有的部众下面有众多神众，如“天部”下面就有二十天众（也有说法为二十四天众、二十八天众），明清时期神魔小说中较为常见的四大天王，就是其中的四位天众。

佛教经典关于天龙八部的记载出现较早，如东晋时的《佛说灌顶七万二千神王护比丘咒经》中，就多次出现天龙八部等护法神众，向佛“作礼奉行”的语句。不过，在早期石窟寺艺术中，出现的方式一般为个例，或者几个部众简单的组合。隋唐时期，完整的天龙八部题材，成了当时寺院、石窟等佛教文化场所经常出现的艺术题材。在四川北部的广元皇泽寺、千佛崖石窟中，有 12 处洞窟中有天龙八部造像，其中千佛崖第 86、206、827 号，皇泽寺第 51 号等窟中最为完整，他们基本雕刻于初、盛唐时期，为 8 身雕像，多雕刻在造像主尊的身后，或者左右侧壁之中，每身雕像代表天龙八部中的一个部众，这些造像都是以人物形象作为主体，通过生理特点、所持器物等表现出各自的身份，被称为“人形化天龙八部”，也就是以人的形象作为主要的表现方式。如龙，就在一身人像上方雕刻一龙加以表示，而不是单纯以龙的形象来表现。

随着唐代巴蜀地区佛教造像的兴盛，人形化天龙八部像也逐渐影响到巴蜀地区其他一些石窟造像，除上述广元外，在梓潼、巴中、邛崃、蒲江、丹棱、夹江、资中、安岳、荣县、仁寿、通江、忠县、潼南等地的佛教、道教石窟艺术中，都有这种天龙八部的形象出现。

而拥有 50000 余尊造像的大足石刻，之前极少见有保存完整的天龙八部造像。2002 年，在新发现的法华寺石刻中，其中一窟中雕刻有半身的护法神众，从雕刻痕迹来看有 8 身，似为天龙八部，可惜发现时造像大多残毁，难以窥其真容。

2007 年，正在大足北山佛湾内进行考古调查的工作人员，告知在北山第 51 号龛内的有可能是天龙八部造像。其后，多次现场调查、与相关造像和经典比对，确定此龛内的确保存有大足石刻造像题材少见而又完整的“天龙八部”造像。

北山石刻第 51 号龛，高 1.55 米、宽 1.98 米、深 1.34 米，正中为三世佛像，后壁为 12 身佛像以及飞天。左右侧壁共计有三层造像，上部分别雕刻文殊和普贤菩萨；天龙八部造像位于

北山第 51 号龛

两身菩萨像下方，两侧壁的布局皆为中层 3 身，下层 1 身，合计共为 8 身，这些造像的身高都有 0.5 米左右。第 51 号龛开凿的时间为晚唐光化二年（899 年）。该龛系当时担任昌州刺史的王宗靖为其眷属往生西方极乐世界而开凿。对于该龛造像的研究，之前的介绍基本上称为护法神，由于造像距离地面较高，加之在左右侧壁，所以历来对于造像细节的关注者不多。

和巴蜀地区大多数天龙八部造像一样，北山石刻的这处造像也是表现为人形化特征。按照《广元石窟》书中“广元石窟中人形化天龙八部造像”（巴蜀书社，2002 年）的论述，大致可以根据造像所出现的生理特征、持物等，推测出北山石刻第 51 号天龙八部的具体身份。

首先，是左边侧壁的部分“天龙八部”造像。位于上面的三像，其中靠近窟门的一像，面呈凶相，上身赤裸，下身着短裙，双手在胸前捧一小人，为“天龙八部”中“夜叉”；紧挨着的一像，长长的耳朵，一直垂到胸前，从这一特点，为“天龙八部”中的“乾达婆”；紧挨着的一像，头梳高髻，有鸟形的雕刻痕迹（疑为金翅鸟），极大可能是“天龙八部”中的“迦楼罗”。下面为一身造像，三头六臂，正面圆脸，作微笑模样。相反，他左侧的脸一副凶相，在他的肩膀处，长着六臂，从其三面六臂的特征，该像应为“天龙八部”中的“阿修罗”。

然后，再来看右边侧壁的部分“天龙八部”造像。位于上面的三像，其中靠近窟门的一像，头戴虎头冠，虎爪搭在双肩之上，应为“天龙八部”中的“摩睺罗迦”；紧挨着一像，为中年男像，

左壁天龙八部

右壁天龙八部

具体的身份特征不明显，根据其余 7 身像的身份来推断，该像极大可能代表着“天龙八部”中的“天”部。紧挨着的一像，面相清秀，头顶上装饰有圆锥形的尖角，从其头顶长角来看，为“天龙八部”中的“紧那罗”。下面的一像，身穿军戎服饰，在头后浮雕一龙，为“天龙八部”中的“龙”部。

大足的天龙八部造像，与广元、巴中等地的同类题材相比，在人物的面容、表情上，缺失早期造像中狰狞恐惧之感，如广元千佛崖第 206 号窟中，迦楼罗为在人面上雕刻出长长的鸟鼻；而北山第 51 号龛中的阿修罗，正面为慈祥的女性面容，各部众的特征基本上不直接在面貌上体现，大都给人以端庄、温和之感。

大足北山第 51 号晚唐天龙八部造像，不仅保存完整，而且有准确的开凿年代，对于了解北山晚唐石刻造像、巴蜀地区天龙八部题材的流传等方面，都有较大的作用。

精致绝伦的唐代雕刻杰作
——北山第 245 号观无量寿佛经变相

——晚唐

1940 年 1 月 18 日，天气晴朗，一行考察人员来到大足北山，在连绵约半公里的佛湾石刻中，仰观造像，辨识碑文。当天，考察成员之一的刘敦桢先生，日记这样写道：“唐刻中，有一龛下构城堡楼橹，上饰建筑物，与敦煌壁画构图极相类似，最为可贵。”（《刘敦桢全集》，第三卷，中国建筑工业出版社，2007 年）他们说的这龛造像，就是今编号为第 245 号的观无量寿佛经变相。此次考察人员，就是以梁思成先生、刘敦桢先生等为代表的中国营造学社成员。

在丝绸古道上的敦煌莫高窟，保存有 80 余幅观无量寿佛经变相的壁画作品。与之相互辉映的是巴蜀地区大量的同题材作品，只不过，敦煌一地画工的妙笔，在这里变成了精雕细琢的錾子声，而在巴蜀地区这些石刻的同题材中，大足北山的这龛作品历来备受称道。所以，1945 年大足石刻考察团组织者杨家骆称“敦煌有此题材之壁画，而此更以同题材为立体之表现，弥足珍视”。

北山第 245 号观无量寿佛经变相

同大多数观无量寿佛经变相一样，北山第 245 号雕刻的内容极为丰富，在高 4.7 米、宽 2.58 米、深 1.18 米的龛中，不但将佛教经典描绘的净土世界表现得淋漓尽致，而且还把与之相关的“未生怨”故事和“十六观”“三品九生”都雕刻在崖壁之间。这些内容，基本上是按照《观无量寿佛经》为主的佛教经典所雕刻。

北山第 245 号雕刻的内容，这还得从“未生怨”这个故事说起：

在这龛造像下方的十一个方形龛内，雕刻内容就是阿阇世太子幽闭父

王、母后的故事。故事叙说王舍城的阿阇世太子，因为听信提婆达多的恶语，便将父亲频婆娑罗王囚禁在七重室内，其母韦提希夫人探望时，在其身上涂上酥蜜和麨，璎珞中盛上葡萄浆，前往探视；加之王在狱中得闻佛法，“颜色和悦”。太子知后，便欲害其母，时有一名叫月光的大臣劝阻，便将其母“闭置深宫”，韦提希夫人在狱中愁忧憔悴，遥向耆阇崛山作礼，佛和目连、阿难现身于宫内，为其宣说佛法。韦提希夫人愿往生极乐世界阿弥陀佛所，佛为其宣说三福、十六观的往生法门。三福即孝养父母、受持三归、发菩提心等，是往生净土的基本条件。十六观为日想观、水想观、地想观、宝树观、宝池观、宝楼观、华座观、像观、真身观、观音观、势至观、普观、杂想观、上辈生想观、中辈生想观、下辈生想观，其中后三观各有三种往生的行相（如上品有上品上生、中生、下生），为三品九生。

十六观“总想观（宝楼阁观）”

十六观的内容，被匠师设计雕刻在龛的左右两侧，由上至下各有八个方形小龛，其内展现了韦提希夫人观想的十六种法门，构图形式皆为韦提希夫人和观想的内容，如“总想观”，在韦提希夫人的一侧，刻一座四合院布局的院落建筑群。三品九生的内容，被刻在龛正壁的中下部。

经中叙说的净土世界是这个龛中表现最为突出的场景，它居于龛正壁的上部、中部一带。在正中刻阿弥陀佛和观音、大势至菩萨三身主像，即“西方三圣”，周围刻有宝树、七宝盖、神鸟、八功德水、宝楼阁等，展现出了西方净土世界的种种美好，这个理想的世界中“无有众苦，但受诸乐”，如七宝池有八功德水（即有八种好处的水）充满其中，池底以金沙布地，池中莲花，大如车轮，微妙香洁，造像中的八功德水或刻二船，其上举桨、划桨，似在竞赛嬉戏。国内有种种奇妙杂色之鸟（如孔雀、迦陵频伽等），昼夜六时，出和雅音。众生如执持阿弥陀佛名号，临终时，阿弥陀佛与诸圣众现在其前，即得往生净土，这些内容，在其中基本上都得到了体现。

龛顶“不鼓自鸣”乐器

上部左侧（局部）造像

龛顶部刻两组不鼓自鸣的乐器，佛经称：在美妙的佛国世界中，乐器可以不需要演奏者，自己发出种种美妙、动听的音乐。

整龛造像雕刻人物多达560余尊，构图饱满，雕刻细腻，其中主像头上方光圈中的坐佛，坐身和莲台共高2.5厘米，但衣纹清晰，须眉可辨。

这龛造像，以其保存完好，留下了唐代雕刻艺术、建筑、服饰、器具等多方面的资料。这其中，建筑历来是调查者关注的一个重点。第245号建筑雕刻，主要表现在龛内正壁和侧壁上方，这是一组具有象征西方极乐世界天宫楼阁的建筑群。此外，还有在龛正壁下方“三品九生”图中的栏杆、城楼等，以及在龛外左右侧方框的“十六观”图中出现的建筑。对于这些具有时代痕迹的建筑雕刻，1945年，大足石刻考察团成员之一的朱锦江，在其讲演中称“此为极珍贵之唐代建筑图样”（朱锦江：《从中国造像史观研究大足石刻》，《民国重修大足县志》卷首，1946年）。因此，有专家撰文对第245号龛内建筑构件，如斗拱、柱额、屋顶、装修等作了概述，认为类似第245号这样的摩崖造像，实为唐代建筑的间接资料，可以弥补唐代实物的不足（辜其一：《四川唐代摩崖中反映的建筑形式》，《文物》，1961年，第11期）。有专家进一步认为该龛建筑布局形式和式样，基本上参照唐代建筑群体组合形式排列的，龛中所反映的唐代建筑，风格突出，结构清楚，由殿、堂、楼、阁、亭、台等所组合的群体建筑，规模宏大，气魄雄浑，格调高雅；显得整齐而不呆板，华丽而不纤巧（李显文：《大足北山摩崖造像第245窟中反映的唐代建筑及结构》，《四川文物》，1986年，石刻研究专辑）。随着考古调查的深入，这龛造像的建筑细节得到更多专家的解读，有专家文中说到龛上部的中心楼阁，“不仅是该龛最复杂的建筑形象，亦是245龛雕造者意匠精妙的作品”；唐代寺院中心殿阁“左钟右藏”的制度，在该龛中表现为在中心楼阁前左右两侧布置皆为“钟楼”，这种形象的布局来源于地面实物、经典，甚至于创意等（李志荣：《大足北山第245号龛观无量寿佛经变相石刻建筑的调查》，《2005年大足石刻国际学术研讨会论文集》，文物出版社，2007年）。

这龛浓缩唐代雕刻艺术的造像龛，得到了实地来到大足北山考察的专家们的重视，所以才有1940年刘敦桢先生在日记中“最为可贵”的评价，才有1945年杨家骆先生“弥足珍视”的赞誉。

第二章 五代

北山第 253 号观音、地藏龛的疑惑：题名不全？有道教造像？

——五代（907—960 年）

在大足境内险峻的崖壁上，每一龛窟的开凿，每一尊石像的雕刻，都尤为注重整体构思与细节关系的处理。在北山佛湾的第 253 号龛，随着调查细节的深入，工作人员又产生了一些疑惑，比如：为何造像的题名不全呢？在这个佛教的造像龛内，是不是出现有大足早期的道教造像呢？

北山佛湾第 253 号龛，高 1.57 米、宽 1.22 米、深 0.86 米，在众多的造像龛窟中，稍显狭小。这是一个穹拱形龛，正壁上方刻一华盖，其下雕刻观音、地藏两位主尊，他们并肩站立在莲台上，脑后都有圆形火焰背光。左侧为地藏，为一位年轻俊美的僧人形象，身着袈裟，双耳戴环，胸饰瓔珞；右侧为观音，头戴花冠，左手提净瓶，身绕披帛。两像身姿优美、面容清秀。在龛两侧壁，刻有六朵祥云，云中皆雕刻有造像。

北山第 253 号观音、地藏龛

关于这龛造像的年代，因为未发现有直接开凿年代的造像题记，所以，学术界依据两点理由将其定为五代时期。第一个理由，它紧邻晚唐的第245号观无量寿佛经变相，属于五代时期的造像区域。第二个理由，是北宋咸平四年（1001年）的一则题记，记载了当时为"知昌元永川大足县事"的陈绍珣与黄氏，于此年"妆绘"了这龛造像，可知此龛造像至少在北宋咸平四年之前，加之北山北宋初期少有雕刻，因此推论第253号的开凿年代在五代时期。这一说法，长期以来得到了认可。

这龛造像的艺术价值，历来备受称道，金维诺、罗世平在《中国宗教美术史》（江西美术出版社，1995年）一书中，说"龛像雕刻华丽，人物造型优美，是现存地藏十王图像的早期代表"。郭相颖在《大足石刻研究与欣赏》（重庆出版社，2013年）书中说"地藏与观音同龛造像，北山较多，此为其中精美者"。

而对于此龛造像的调查研究，甚至于评价，基本上集中在龛的正壁，对于两侧壁造像，大多一笔带过。在多数的专业书籍中，都认为两侧壁雕刻的是十王以及司官之类的形象，这其中，的确有十王造像，然而，在细节上却出现令人疑惑的地方，如居然多出一位王者形象，成了十一位王者。

左壁造像

左壁五官王造像

右壁造像

先来看看两侧壁的情况。它们对称雕刻有六朵祥云，云中皆有站立的造像。左壁的六朵祥云中，基本上在云框上有题刻，比如“五官王”“示广王”“转轮王”“太山大王”等，云中的雕像，除上层一朵祥云只雕刻三身像之外，其他的都是四尊像。他们的组合方式为，前方站立一位头戴冕旒的尊者像，左右两旁各自站立一身侍者像；身后还有一位侍者，手持华盖，用以衬托前方尊者的地位。

右壁的六朵祥云中，除一朵祥云刻骑马的使者外，其他的五朵祥云中，造像的组合形式与左壁完全相同，但却没有发现一个字，这究竟是什么情况呢？

这得先从两侧壁十王造像题材说起。十王是具有汉地佛教文化特色的造像题材，其兴盛与一部佛经有关。大唐天宝年间（742—756 年）之后的一天，一位名叫藏川的僧人，在成都府大圣慈寺内开始着手述写着一部佛经——《十王经》，并广泛流传。但这部佛经在一些佛教《大藏经》中未见著录。直到敦煌藏经洞被发现之后，世人才知晓这部流传已久的《十王经》。经书图文并茂地展现了地狱中十王审讯的场景，也就是亡者在地狱要接受十位王者的审判，先后是秦广王、初江王、宋帝王、五官王、阎罗王、变成王、太山王、平正王、都市王、五道转轮王。

右壁骑马使者

左壁上部一祥云

大约在这部经书向丝绸之路流传的同时，也开始在巴蜀地区由西向东传播，在经过绵阳、资中、遂宁、内江、安岳等地之后，来到了大足，出现在五代时期的北山佛湾，其中第 253 号两侧壁的造像题材主要就是十王。

现在来看看左右侧壁，哪些祥云内刻的是十王像呢？从两侧皆出现有相同图像特点的造像来看（即四身像组合），这些形象应该属于十王，也就是左右各有 5 身。但是，左侧壁上层一朵祥云内，刻有 3 身像，在云框上刻有“示广王”，也即“秦广王”，明显属于十王之一。由此而来，这龛造像就出现有十一位王者形象。而右边侧壁上部的祥云内，仅雕刻一身骑马的形象，据《十王经》可知，这身像是受命去“检亡人家造何功德”的使者，不属于十王。

第 253 号左右侧壁出现十一位王者的现象，与众多的十王造像的数量不相同。为何出现这种情况呢？又为何仅仅在左边出现有题名呢？目前的答案，只能建立在推论上。比如，其中的一种解释，或许古代雕刻艺术大多讲究对称，所以在龛左右皆刻六朵祥云，当工匠在龛左壁六朵云中，雕刻全是表现十王的造像（也就是说左壁出现了六位王者），并将一些王者加以题名于框内。然而，在右壁却有五位王者，或许工匠发现数量与之前不尽相同，所以搁下錾子，就未出现题名？

第 253 号留下的疑惑还不仅仅在题名上。

现在，再来看左侧壁上部一朵有 3 身造像的祥云。云框上刻“示广王”，表明此祥云内有一身造像为十王之一的秦广王，和其他十王对比，其中一身头戴冕旒、双手捧着朝笏应当是秦广王。而其他两位像，与龛内其他形象对比，显得有些殊异，因为他们都是头上有圆髻，还留有胡须，双手也捧着朝笏，加之三像头上都有华盖，可见这三像的地位基本相当。从这两身造像的生理和服饰等特点来看，很可能为道教题材的造像，而且在道教神仙中地位较高。而大足道教造像一般来说是从北宋才开始雕琢，如果此龛造像内确认有道教造像，无疑，对于研究大足道教造像具有重要的价值。

那么，为何会在佛教龛窟内出现这样具有道教特征的造像呢？前面提到的北宋咸平四年（1001 年）的妆绘题记，或许提供了一个线索。当陈绍珣在妆绘完此龛后，还修设了水陆斋，也就是佛教一种盛大的法事活动，水陆会上召请的神像，不仅有佛像，还包括道教神像。因此，会不会最初雕刻者的用意，就与水陆会有关呢？

历史留下的场景，有时候就在一处狭小的地方，而往往在这样狭小的地方，却留下一些令后人反复琢磨的细节，北山佛湾第 253 号龛即如此。

精细简约，玲珑别致：北山五代第 273 号千手观音龛漫笔

——五代（907—960 年）

在大足石刻众多观音造像中，千手观音以其独具一格的艺术魅力，一直成为匠师孜孜不倦雕琢的题材，从中晚唐的圣水寺石刻，到晚唐、五代的北山石刻，再到南宋中后期的宝顶山石刻，涌现出各具时代特色的作品。而且，明清时期仍雕琢不已。

北山第 273 号千手观音龛

五代时期的千手观音造像中，北山第 273 号龛保存尤为完好。这龛造像，将五代时期的大足民众对观音的崇尚、对石刻艺术的推崇，凝固在北山佛湾的崖壁之上。

第 273 号龛是一个高 1.51 米、宽 1.1 米、进深 0.73 米的造像龛，正中雕刻端坐的千手观音，她头戴高花冠，冠内云纹流畅，佛像庄严，镂空的技艺彰显出匠师细节对娴熟的处理。披挂的璎珞，自然而流畅的走势和珠串，清晰可辨。观音双目微睁，嘴角微翘，露出一丝淡淡的微笑，雕琢细腻的面部，仍带有盛唐时期丰腴的艺术特色。

在观音头部、身前和身体两侧雕刻约 42 只手。或双手合于一体高举头顶，捧一佛像；或双手抬在前胸，作拱揖状；或双手放于膝间，屈指结印。更多的则是单手持物，或紧握宝瓶，或轻拈数珠，或敬托佛经，或平举楼阁，或手提宝篮……器物各不相同。事实上，在佛经中描述千手观音所持器物，一般列举 40 只手左右，如唐代伽梵达摩翻译的《千手千眼陀罗尼经》中，记载千手观音有 42 只手，并根据手中所持的器物，被分别命名为金刚杵手、如意珠手、宝印手、化宫殿手、化佛手等，分别有着不同的法力。佛教艺术中，也常以此数目来代表千手，并大量出现于佛教石窟艺术和殿堂绘画之中。

千手观音头像

千手观音（局部）

波斯仙像

第273号龛中的“千手”，远观层层叠叠，上下错落，甚为复杂。近视可见雕琢精细，如观音手持一锡杖，在其上挂有6个小圆环，清晰可辨；又如一手持盾牌，牌上雕刻一面具，眉头紧皱，双目暴突，龇牙咧嘴。匠师不但在狭小的龛内巧妙汇集40余只不同的手的造型，而且在每一只手上也各尽其态、各展其姿。

除千手观音之外，第273号龛内还刻有其他造像。观音座下左右分别有一跪像，他们是饿鬼和贫者，其中后者双手举一长长的口袋，正在乞求观音施舍。在门两侧，左边雕刻一站立的女像，双手捧盘，右边雕刻一波斯仙，他高鼻深目，颔下有长须，一手持数珠，一手拄一长杖。

在方形框龛外侧，还有属于此龛的造像。门楣的上方，呈“一”字形并列十尊小佛像，皆是结跏趺坐于莲台之上。在龛外的左右两侧壁，各开凿有两个方龛，其内刻坐在石台之上的地藏，头戴风帽，手持锡杖，一旁站立一位侍者，另一旁刻一只蹲兽；地藏出现在千手观音龛两侧，这样的组合形式，或许是受到之前观音、地藏组合在一龛的影响。

整龛造像，与晚唐北山及之后两宋时期（如宝顶山）的千手观音相比，尽管缺少众多部属烘托的热闹场景和孔雀开屏般的辉煌气势。但是，匠师们却又能以其精细的雕刻、简约的设计，呈现出一种小巧玲珑之感，自有一股时代别致的艺术气息。

五代时期的大足石刻，艺术上总体趋势具有承唐代遗风、启两宋先河的作用，在第273号龛中不难领略：丰腴的面庞，沿袭着盛唐的风韵；造像的花冠，暗示着宋代时期的繁丽与精致。由此，以第273号龛为代表的千手观音像，可谓是此时期的雕刻杰作，也是了解五代艺术不可多得的珍品。

五代时期的大足石刻中，千手观音是主要雕琢的题材之一。除第273号龛之外，还有第60、218、235、243号等造像龛，但与第273号龛造像相较而言，保存就没有如此完好。在国内五代时期雕刻作品稀少的情况下，北山遗存的此时期千手观音像，自然也就弥足珍贵。不过，它们与之前的唐代、之后的两宋时期同类作品相比，总体上规模较小。

穿越千余年的历史风霜，这些造像积累着厚重的历史尘埃，站在第60号龛的千手观音像前凝视，昔日规整的长方形龛形，已经凹凸不平，正面的一圈月轮形的弧线，残留着造像的轮廓；曾经镂空的雕刻技艺，被自然洗礼成千疮百孔般的视觉效果；门口两身曾经威武的力士，如今的躯体，稍不注意就可能认为是未加雕饰的岩石。对于这些漫漶剥蚀的造像，游人略微一点稍纵即逝的关注，似乎都是一种奢侈。

历史往往带走自身时代的一些痕迹，成为千古之谜。不过，即使千年沧桑之后，历史还是给我们留下一些幸运，可以透过坚硬的崖壁，去对话五代时期的历史文化。这其中，保存基本完整的第 273 号龛千手观音造像，或许更能让我们领略到五代时期那独特的艺术气息吧。

北山第 273 号千手观音龛

少见！佛经未记载的造像题材组合龛：北山五代药师变

——后蜀广政十七、十八年（954、955 年）

五代时期，是中国历史上极为动荡不安的时期。这是一个分裂与混战的时期，短短的 50 多年时间，15 个政权在中原和南方地区交替更换。北方地区，“涿州至幽州百里，人迹断绝”（《新五代史》），一度为国人称道的黄河流域，已是“礼乐崩坏，文献俱亡”（马令：《南唐书》）的局面。

而在西南地区的大足境内，那些兵戈相激的声音，变成了世俗民众祈愿的念诵声和铁石相激的錾子声。五代时期的造像龛中，北山佛湾内的第 279、281 号药师经变龛，或许以其特殊的方式，记载了这一时期人们的心理趋向。这两龛像，在图像表现上最大的特点，就是将众多的佛教神像题材汇聚于一龛之中，而这种组合形式，在佛教经典中未见记载，具有较为浓厚的世俗信仰特点。

北山第 281 号药师经变龛

第 281 号龛的造像题材情况，在造像记中得到了清晰的记载。这则题记开篇刻有“敬镌造药师琉璃光佛、八菩萨、十二神王一部众，并七佛、三世佛、阿弥陀佛、尊胜幢壹所，兼地藏菩萨三身，都共壹龛”，仅此可见造像情况之复杂。这些题材，都出现在第 281 号龛 1.93 米高、2.37 米宽的雕刻范围之内。从造像记来看，主题是药师琉璃光佛（头残），他位于龛的右半部分，与两位菩萨一道，双足下垂坐在石台上；在他旁边站立有两位侍者，其中一位手持锡杖。在药师佛左右两旁端坐的菩萨，分别为日光、月光菩萨，手中分别捧着日、月。这三身像，被称为“东方三圣”，在这三身像两侧壁，各刻有四身菩萨。三身像下方，为并排站立的十二神王，他们皆是身着甲胄，双手在胸前拱手。在神将下方，雕刻数朵莲花，摇曳多姿。之外，在三圣的上方，并列七身佛像，可知为造像记提到的“七佛”。

据《药师琉璃光如来本愿功德经》等佛经描述，药师琉璃光如来在行菩萨道时，曾发下十二大愿，“令诸有情，所求皆得”。有二菩萨，一名日光遍照，二名月光遍照，“是彼无量无数菩萨众之上首”。有八大菩萨在信众“临命终时”，“乘空而来，示其道路”。经中还记载有十二神将，为持念此经信众解疾脱厄。经中记载的药师佛和日月光菩萨、八大菩萨、十二神王等这些题材，都出现在第 281 号龛药师佛有关的造像之中。

然而，龛中其他的造像题材，在佛经中却未见组合在一起的经典依据。

在药师三圣的左侧，刻一经幢。这件经幢高达 1.1 米，和大多数经幢一样，由幢座、幢身和幢顶三部分组成。在其上雕刻有龙、宝珠、双层仰莲、佛像、力士等诸多题材，层次分明，技艺精细而工巧。在这件经幢上，也刻有陀罗尼经文，其内也出现有捐资者（刘恭）的名字。

经幢的来源，与密教经典《佛顶尊胜陀罗尼经》的宣扬有关。在唐代，《佛顶尊胜陀罗尼经》至少被 8 次翻译。经中叙述释迦牟尼为善住天子即将面临短命寿终，受畜生、地狱等苦而教以解救之道，即“佛顶尊胜陀罗尼”，善住天子依其法，“应受一切恶道等苦，即得解脱住菩提道，增寿无量”。经中宣扬了陀罗尼的神力，如“若人能书写此陀罗尼，安高幢上，或安高山或安楼上，乃至安置窣堵波中”，经幢影子能映在身上，或灰尘飘落在人身上，所受罪业皆消除。受此影响，信众在寺院、交通要道、墓葬等地方大量建造经幢，多为八面形的圆雕石柱，因其上多刻有《佛顶尊胜陀罗尼经》，也称为“尊胜幢”。受此影响，广元、安岳等巴蜀地区摩崖造像中，就有雕琢。在大足一地，主要集中在北山五代时期，并成为此时期北山石刻的一个特点，如第 250、260、262、271 号龛等，皆是单独雕刻一件经幢。

第 281 号药师经变陀罗尼经幢龛

在经幢的正上方，刻着三身佛像，可知为造像记中提到的“三世佛”。在经幢的左侧，为三身地藏像，皆是坐于金刚座上，左手捧珠，右手持锡杖，左下侧站立一身侍者。

为何将这些佛教经典不见记载的造像题材，汇聚于一龛之中呢？或许造像记给我们一点点启示，在前面提到的造像题材之后，介绍了出资者和他们的祈愿等史实。此龛为当时担任“右厢都押衙知衙务”的刘恭，与他的姨母任氏，及其子女等发心镌造，他们祈愿“身田清爽，寿算瑕昌，眷属康安，高封禄位”，在后蜀广政十七年（954 年）二月设斋等仪式。由此来看，祈愿者或许希冀雕琢众多的神像，更能实现他的祈愿。由此也可以见到，五代时期的造像中，就出现有一些具有世俗信仰特色的造像。

在第 281 号龛完工的第二年，即后蜀广政十八年（955 年），时为“通引官行首”的王承秀一家，也捐资开凿和第 281 号图像基本相近的一龛造像，即今天被编号为第 279 号者。二者对比，都有东方三圣、八大菩萨、十二神王和经幢等，甚至于造像的体貌姿态、装饰图样等都大致相似，区别仅仅在一些细节之处，如第 279 号龛的地藏为四身；之外，第 281 号龛的三世佛和七佛像，在第 279 号龛被称为十方佛等。他们的祈愿中，有“福寿长远，灾障不侵……公私清吉”。

对于北山第 279、281 号龛这种组合，其他地方极为少见。如有学者经调查研究后，认为“药师与经幢、地藏、十方佛等共处一龛，这种复杂的组合案例在大足仅见于北山。四川资中西岩有与之类似的造像龛，年代在晚唐五代间，虽已风化，尚能辨识出是药师携眷属与经幢的组合，不同的是，该龛并无地藏与十方佛。除巴蜀地区外，中国北方广大地区佛教石窟鲜有此种组合造像”〔米德昉：《唐宋时期大足药师造像考察》，《大足学刊》（第一辑），重庆出版社，2016 年〕。

在大足石刻中，不同历史时期的造像往往烙下一些时代的痕迹，开凿于五代时期的第 279、281 号造像龛，以其特殊的题材组合，是不是在向世人诉说他们当时的心声呢？如果是，那么，又会是一些什么样的话语呢？

北山第 279 号药师经变龛

第三章　北宋

大钟寺圆雕造像：弥补大足石刻百年造像历史空白

——北宋咸平三年至治平三年（1000—1066 年）

1986 年 6 月的一天，大足新石乡长生村九组的村民周明泉，继续进行着他新屋地基的挖掘，挖到两三米的时候，忽然，锄头就碰到了地下坚硬的石头，刨开上面的泥土之后，眼前出现的是一个石刻的菩萨像。接下来继续刨，一家人惊呆了，居然在这里埋藏了一大堆石刻的菩萨造像。

随后，大足县文管所得到乡文化站工作人员的消息，便立即派人来到现场，开始对这一批造像进行编号、登记、照相以及拓片等工作。经过现场的初步调查，文物工作者惊奇地发现，这一批圆雕造像，造像时间在北宋咸平三年至嘉祐八年之间（1000—1063 年），这一发现弥补了大足石刻百年间造像历史的缺憾。在发现这批造像之前，大足石刻自从北山石刻在五代造像之后，一直到北宋元丰六年（1083 年）石篆山石刻开始营造，在这百余年内，极少有石刻造像的记载（详见邓之金:《大足县大钟寺宋代圆雕石刻遗址调查》,《四川文物》, 1989 年，第 5 期）。

细心的文物工作者发现这些造像上有“住持院主”“当院僧”的题记，推断当时这里曾是一处寺院。但是，却没有寺院的具体名字，经与当地百姓了解，他们世代相传称这里为“大钟寺坡”。于是，将这处造像出土所在地，定名为“大钟寺遗址”。

大钟寺出土花供养菩萨

大钟寺出土罗汉造像

这些圆雕造像中，有一身花供养菩萨，头已断残，双手捧盘，盘内盛花朵，残高 1.06 米，身材颀长，衣纹线条流畅简洁。其下方的《造像记》记载，是当时“双腊乡”的卢姓弟子一家，舍银四两雕琢，祈乞夫妇安宁，造像时间大致在北宋嘉祐八年（1063 年），《造像记》明确记载这身造像的题材是“花供养菩萨”，也就是以花作为供养的菩萨像，此题材像在敦煌石窟也有遗存，如乾德六年（968 年）的水月观音绢画，下方的供养菩萨均有“持花供养菩萨”的榜题。

大钟寺出土罗汉头像

在这批圆雕造像中，从《造像记》可知，罗汉造像较多。如“双腊乡”弟子陈炳等舍钱，“镌作第罗汉六尊”，造像时间在北宋嘉祐六年（1061 年）；又，当院僧道贤发心镌妆了第三位罗汉，等。从造像遗存来看，还有降龙和伏虎罗汉，他们座下各自雕刻有龙、虎，有一件作品上还明确刻有“镌妆降龙罗汉一尊”。由此表明，大钟寺寺院曾有罗汉群像的雕琢，而且很可能为十六罗汉之类的组合。这些罗汉造像在艺术上也颇具特色。从伏虎罗汉等像可见，裙摆流畅而自然。一些罗汉的头像，其面容各具情态，老者的成熟睿智，年轻僧人的无忧无虑，均体现出工匠对造像细节娴熟的处理。

大钟寺出土中元地官像

在最初的调查成果里，基本上将大钟寺圆雕造像识别为佛教造像。有一件作品，造像端坐于石台上，头残，左手持一朝笏，斜放于左肩处，胸部处围有玉带，带中有布帛下垂，布帛上系有饰带，足着云头靴。从造像的特点看，与佛教造像有较大区别，如手持朝笏的特征，在大足佛教菩萨造像中基本未见，而在道教造像中则比比皆是。造像残存有文字，《大足石刻铭文录》录为“弟子许汉琼与一家眷属等□心造中元地□□一身祈一家安泰□□□同少陆□□□住持院主淳朴”。结合铭文来看，内有“造中元地□□一身”，与中元地官的称谓相吻合。地官为道教三官之一，三官即天官、地官、水官，为道教起源较早的神灵，又称为三元。从这些因素来看，此尊造像极大可能为道教的地官造像。此外，在大钟寺圆雕造像中，还有一尊像，也是住持僧淳朴发心镌造，由郑少年捐资妆銮，造像高 0.54 米，头断残，双手执朝笏贴左肩，造像时间为北宋嘉祐七年（1062 年），此像也具有较为浓厚的道教特点，且时间相近，主持营造者为同一人，为天官或水官一类的道教像可能性较大。

大足石刻博物馆内的经幢幢身

大钟寺遗址出土的石质文物中，有一件较为奇特，仅仅是一个八面体的石柱，高 0.48 米，调查人员分析其上刻着的经文后，才知道这是一件陀罗尼经幢的幢身部分，并记述了营造的缘由。大约在北宋皇祐四年至嘉祐四年间（1052—1059 年），当地有一位王姓的女子和她的儿子罗亨、罗泰等，因为近年来一家眷属多次遭受灾难。于是，他们就认为很可能与王氏身前的丈夫罗超曾经做下的一些罪孽有关，如他曾经偷过刘真家的一头猪等，其后，便发心造了这件经幢，希望消除一切罪业。在这件经幢残件上，还刻着“镌作文昌，男惟简、惟一”，这一发现让调查人员高兴不已，因为文氏工匠是宋代大足石刻的重要雕琢家族，其中的文昌为首次发现，也是迄今为止唯一署有文昌名字的作品。据考证，文昌是文氏工匠来大足的第一代，在他之后，先后有五代文氏后人在大足献艺，如题刻中的文惟简、文惟一分别在石篆山、石门山进行雕琢。

仅从出土的圆雕造像数量可知，当时这座寺院规模较大，造像中，可见佛道兼容的现象，这为之后大足石刻儒释道三教融合奠定了基础。其中一些作品，极大可能出自文昌等匠师之手。

大钟寺圆雕造像被发现后，也成为大足石刻代表作品加以展陈。2011 年 1 月至 2013 年 3 月间，大足石刻专题展览先后在英国威尔士卡迪夫国家博物馆、加拿大安大略省基齐纳博物馆展出，至少有 14 件以上的作品是来自大钟寺遗址出土的圆雕造像。而今，大钟寺圆雕造像多数陈列在大足石刻博物馆展厅之中，静静地向世人诉说大足石刻那一时代的历史，那些驻足在造像旁的游客，会不会这样想，是什么原因，使昔日香火鼎盛的寺院，变成了埋在泥土之中的圆雕造像呢？

石篆山：一处汇聚三教文化的石刻胜地

——北宋元丰六年至绍圣三年（1083—1096 年）

地处大足三驱镇的石篆山，风景如画，因山势回环，形如“篆”字，故得此名。其间的岩石上，雕琢着儒、释、道三教石像，是国内三教融合早期造像的代表作。这些造像，据现存的铭文可知，它们基本上雕刻于北宋元丰六年至绍圣三年间（1083—1096 年）。1999 年，大足石刻列入《世界遗产名录》的标准中，就说到“从印度传入中国的佛教密宗，中国的道教和孔子儒家在大足石刻造像中三教合一，首次形成了影响很大的三教和睦相处的现象”，石篆山石刻就是一处体现这一标准的实物史料。

庄园主严逊

北宋元祐五年（1090 年），一块石碑悄然在大足西南的石篆山雕刻完毕。近千年之后，人们透过这块普通的石碑，揭开了那些藏在石像背后的历史。因碑文的撰写人叫严逊，故称这块石碑为《严逊记》碑。此碑迄今仍静静地矗立在石篆山一带的佛会寺内。严逊，也因此而名载大足石刻史册。

严逊其实是一位普通的人士，本是遂州（今四川遂宁）润国人。在严逊 9 岁（1023—1032 年期间）时，他的父亲为躲避差役，居住在昌元县（今荣昌区）赖川镇，不料后来得了一场大病。全家闻讯后，卖掉了刚买的新居，在毗邻的大足县购买了古村、铜鼓、石篆三处庄园。从此，严逊便在这里苦心经营庄园，使石篆山成为一处文化圣地。

宋代的庄园很发达，《水浒传》中就多次提及，如柴大官人柴进的庄园，就专门招集天下往来好汉，刺配沧州的林冲，在这儿得到了嘉宾般的礼遇。生活在宋代的严逊，虽然没有柴大官人的阔气，但是对自己的庄园，也颇费

石篆山三身佛龛内严逊像（居中者）

了一番苦心。他聘请匠师在石篆山的崖壁上雕琢石像，如三身佛龛、文殊普贤菩萨龛、观音菩萨龛、地藏王菩萨龛、文宣王（孔子）龛、太上老君龛等。这些石像，就是今天所说的石篆山石刻。此外，他还在石像、佛寺周围栽植了松柏和花果杂木，其中，松柏就多达数十万株。

石篆山杂乱纷呈、千奇百怪的岩石，加之严逊苦心经营的石像、松柏，以及佛会寺等，使石篆山在当时逐渐成为一处声名远播的景观，每至春季，远近乡民相互邀约前来游玩。这一乡俗，延续至明清时期。清末，一位叫文彬的僧人，还题诗赞赏石篆山的景色："人居山水抱环间，花卉盈眸别有天！"

三教融合

汉代，"白马西来"载来了佛教。于是，关于儒、释、道三教争论的话音，在朝野喋喋不休，这种争论声一直持续到大唐帝国。在宋代，他们选择了融合。石篆山，就见证了三教走向融合的历程。儒、释、道三教的圣人们，在这座风景秀丽的山峦上和谐相处——

三身佛龛雕刻的毗卢佛、释迦佛和弥勒佛，三尊盘腿而坐的佛像，面目慈祥。在龛的菩萨和弟子像中，两位宋代世俗装扮的造像特别醒目，他们就是严逊夫妇：严逊一手握着一件长长的香炉，一手似正在上香；在对称的位置上站立着的，是他的妻子。他们恭敬地站立在这三身佛龛之中，眼睛凝视着佛像，可以想象千年之前，他们吃斋念佛的日常生活。

石篆山三身佛龛

石篆山文宣王龛

在佛像龛左边是老君龛，居中的是道教尊神太上老君，两旁分列 14 位法师和真人，他们服饰简朴，疏于装饰，加之造像平静、安详、自然的表情，颇具“仙风道骨”的神韵。

在佛像龛右边是文宣王龛，居中坐着的是文宣王，也就是儒家学说的创始人孔子，在两边站立着他的十大弟子，包括子路、颜回等。在生活中，严逊也是一个尊奉儒家伦理道德的人，这从他听说父病便迅速迁移到石篆山便可以看出。在这里，我们还看到了宋代人眼中孔子的长相：质朴甚至于略有些憨厚，透露出一种中年成熟的睿智。

在石篆山，我们听到了儒、释、道三家兼容并包的声音。

“消失”的三龛造像

在石篆山石刻基本要雕刻完毕的北宋元祐五年（1090 年），严逊亲自撰写的碑文里，不但叙述了严逊自身经历等事迹，还记载了在石篆山内雕刻石像的具体名称，一共有 14 处造像龛窟，但有三龛造像一直未见其踪影，他们是炽盛光佛十一活曜龛、长寿王龛、观音菩萨龛。这些造像是当年没有开凿，还是深藏在地下呢？长期以来，一直引来世人种种猜测。

2003 年 3 月，石篆山北面 1 500 米处的荣昌县河包镇观音阁村罗汉湾内，在泥土中发现了两龛造像，经调查确认为石篆山曾“消失”的造像龛。其中一龛，正中端坐在石台上的佛像，手中捧着一个金轮，两侧站立几身衣饰流畅的造像，在布局与技艺上与石篆山文宣王龛、老君

石篆山观音龛

龛等较为相近。根据佛像手持的金轮，很快就确认为《严逊记》碑中的“炽盛光佛十一活曜龛”。另一龛的布局有些奇特，雕刻有二十几层的线穿铜钱，旁边刻有抱拐杖的站像，在门内侧身作探望状的老者，以及短衣短裤、双肩扛铜钱的相貌粗陋者，这些图像，表现的是佛经记载的长寿王故事，这龛造像就是《严逊记》碑中的“长寿王龛”。

随后，当地百姓还告诉调查人员，在新发现的造像龛左侧百余米的崖壁上，还有一处造像。这是一个观音菩萨龛，头戴花冠，面容丰满，眉清目秀，身材窈窕，左右两侧分别站立男女供养人像。自然，这龛造像就是《严逊记》碑中的“观音菩萨龛”。

至此，石篆山曾“消失”的三龛都出现在世人的眼前。这些造像为何出现在今荣昌境内呢？原来，因为行政管辖地的调整，这一地带现属于荣昌管辖。

崖壁上的水陆画卷

《严逊记》碑明确记载了当年造像的名称，而这些造像，近些年在这一地带不断被发现，曾经残缺的空白逐渐得到了弥补，面对这些宋代雕刻珍品，一个疑问一直萦绕在学者心中：这些题材不尽相同的造像，当年的营造者究竟想表达什么目的呢？

崖壁上略有漫漶的石刻题记中，也许能寻觅出一丝线索。这些题记中，出现了“设水陆会”“修

石篆山地藏与十王龛

水陆斋”等字。水陆法会，是佛教非常隆重的一种法事活动，它的起源，大多文献说与南北朝梁武帝有关。宋代，大文学家苏东坡对水陆仪文进行了修订，后人称为《眉山水陆》，宋元祐八年(1093年)，还为他的亡妻王氏设了水陆道场。那么，它是不是按照水陆会的仪轨雕刻的呢？

石篆山不尽相同的题材，其中一些还与今天水陆会流传的文本中所记载的题材似乎有些巧合。如不可或缺的地藏与十王像，还有曾被村民误认为鲁班像的志公和尚，他手拿着角尺、足穿着草鞋。再加之造像题记中本身就有“水陆会”的铭文，这些巧合，逐渐让人们感觉到：石篆山，可能就是一幅铺在岩石上的水陆画卷。

早期水陆会仪式的原始文本，已是极其罕见，甚至可能不存。我们透过崖壁，兴许会看到当年悬挂在寺院、乡村中的图像。这幅崖壁上的水陆画卷，为佛教文化的传播，捡拾起一份失落的记忆。正因如此，我们还应该提及雕刻这一画卷的匠师：在石篆山老君龛、文宣王龛、三身佛龛以及新发现的部分造像龛内，都刻有雕刻匠师的名字，他们是文惟简和他的儿子文居安、文居礼等，他们来自今天的四川安岳，这支文氏家族，从北宋初期的文昌开始，有六代人一直在大足雕刻着精美的石像，并一直持续到南宋末年，而这段时期，也是大足石刻最为鼎盛的时期。

忽如一夜春风来！大足道教石刻早期经典之作：石篆山老君龛

——北宋元丰六年（1083年）

儒、释、道三教融汇的石篆山石刻中，编号为第8号的老君龛，是代表道教文化的重要石刻作品。

老君龛，这龛3.43米宽、1.7米高、1.92米深的造像中间，坐着的主尊是道教中重要的神灵——太上老君，他端坐在一个四方形台座上，右手握一扇，台座正面雕刻一头青牛（残）。在他左右两侧，是并肩而立的七尊造像，他们戴着莲状的束发小冠，双手在胸前捧着朝笏。其中，紧挨着太上老君左右的，是“玄中大法师”和长满络腮胡须的“三天大法师”像；再之外两侧，分别站立着太乙真人、太极真人、正一真人、普德真人、定法真人等十二位真人像。这些造像服饰简朴，疏于装饰，加之造像平静、安详、自然的表情，颇具道教艺术所追求的“仙风道骨”的神韵。在龛外左右两侧，是威武强悍的护法神像。龛的门柱上有关于造像年代的一些文字，尽管模糊不清，但大致可辨识出“岁次癸亥闰六月二十日记”，结合石篆山造像的大致年代，这里的“癸亥”年，应为北宋元丰六年，即1083年。

老君龛左侧造像

在20世纪的研究论述中，大足境内调查发现的道教石刻造像，一直以来以这处老君龛为最早。近年来的研究成果表明，在五代的北山第253号内出现了具有道教文化特点的造像；其后，在北宋初期的大钟寺遗址内，出土有道教的中元地官等神像。这些遗存表明，在石篆山老君龛之前，道教造像已经出现在大足一地。但相比之下，老君龛的规模更大，雕刻技艺更趋于成熟，表现上更具有道教文化色彩。可以说，在大足石刻中，石篆山老君龛把大足道教石刻艺术推向了一个新的时期，给人一种“忽如一夜春风来”之感！

老君像

其实，老君龛的艺术源流于中国道教石刻造像的艺术传统。

大约在汉代末期逐渐形成的道教，随着佛教的传入，受佛教设立佛像等因素的影响，在南北朝时期逐渐出现一些道教题材的石刻作品。最初的道教造像表现出两个特点：一是现存的主要是造像碑居多，也就是把道教造像雕刻在可以移动的碑刻上；二是造像技艺与佛教造像极其相似，如果不是造像碑上刻有较为明显的关于道教信息的文字，一些造像很难辨别出来。

到了唐代，道教石刻逐渐走向成熟。在具有深厚道教文化积淀的巴蜀地区，出现了一些具有代表性的作品，如今天的四川省剑阁县鹤鸣山、蒲江县飞仙阁、丹棱县龙鹄山、绵阳市西山观以及与大足毗邻的安岳县玄妙观等，都雕刻有精美的道教石刻艺术作品，它们已初步展现了道教自身的风格，甚至还出现有佛教、道教造像题材共处于一龛的情况。这些造像，也为宋代时期的大足境内，出现众多道教石刻艺术精品奠定了基础。

宋代时，道教石刻基本上摆脱了佛教造像的因素，走向更具有自身特色的新时期，形成了独特的风格。在国内众多的宋代道教艺术作品中，大足的道教石刻就是主要的代表之一，其中出现的早期道教石刻作品——石篆山太上老君龛造像，无疑具有极其重要的意义。

石篆山老君龛既吸收了早期很多道教石刻造像的特点，又开始呈现出自身的一些特点。除与佛教、儒家造像龛并列在同一崖壁上之外，造像题材的丰富性是此龛又一大特色。老君龛内题材，采取一主尊（太上老君）、二法师、十二位真人、二护法神将的布局。“三天大法师”像长满了络腮胡须，据道教经典和文献记载，他是汉朝末年五斗米道（后称天师道）创始人张

石篆山老君龛

道陵，元代编著的《历世真仙体道通鉴》中记载“垂手过膝，美须髯”，可知石刻造像与文献记载的形象吻合。两侧雕刻的真人，为道教中修真得道的人，一些真人在道教文化史上影响较大。如太极真人，道教经典中有多部经典据说是他传授的；又如太乙真人，也称太乙为救苦天尊，是天界专门拯救不幸堕入地狱之人的神灵。

造像中的服饰，体现出道教追求自然，主张返璞归真，崇尚质朴的特点。道教经典的戒律中，要求修行者穿着要朴实，不得好异服，如《上清大洞戒》中说“若衣服勿杂色，蓝布之服，可以终日”。老君龛中老君、法师、真人等像，皆为长袖，袖摆宽大，给人以宽松自在之感；细节的雕刻上，匠师采取简约的表现手法，多数造像除手肘处有衣褶线条外，其余皆是平面，显得简洁而明朗、自然而质朴。这一特点，倍增造像的仙风道骨之感。

仅由此来看，与宋代之前一些道教石刻相比较，石篆山的太上老君龛造像龛形疏朗开阔，布局秩序井然、艺术手段的多样，更是凝聚着丰厚道教文化信息和时代文化特色（尤其是三教融合）。此上种种表明，道教石刻艺术在大足一地已经具备成熟化的特点。同时，也开启了大足道教石刻鼎盛之旅的大门。不久之后的南宋时期，在大足南山、石门山、舒成岩等石刻中，涌现出大量在中国道教艺术史上极具代表性的作品，它们和石篆山太上老君龛造像一道，把中国道教石刻艺术推向了一个新的历史时期。

为什么会将石篆山高僧造像，认为是鲁班像呢？

——北宋元丰八年（1085年）

在石篆山嶙峋不平的岩石上，不时可见造像出现其间。这些造像，由当时庄园主严逊出资营造，具体负责雕刻的则是工匠文惟简父子，如在石篆山文宣王龛、三身佛龛、文殊普贤龛、地藏与十王龛等中，都有文惟简的署名题记。

今天，当地一带稍微上了点年纪的老百姓，大多都知道这儿有一处造像，是鲁班的造像。

其实，石篆山有鲁班造像的说法，来源已久。

清代道光十六年（1836年）正月十三日，参加过嘉庆、道光《大足县志》编纂的大足三驱人李型典，家居无事，听闻石篆山刻像"精巧寡伦"，于是欣然前往，在此地观赏之后果然如此，归后写下《游石篆山记》。在游记中，他记载到有"鲁班龛"，其造像的情况为左手携尺，右手执剪，旁一弟子，肩挑法物，中一碑，刻"匠石宗坊"。

原来，早在清代道光年间，就有石篆山保存有鲁班造像的说法。

民间传说和古代文人的认识，也对后世的调查产生了影响。如20世纪80年代初期，曾对大足石刻主要造像点进行了一次较大规模的调查，其成果凝聚在《大足石刻内容总录》（四川省社会科学院出版社，1985年）一书之中。其中，石篆山就有"鲁班像"，编号为第2号，时

石篆山志公和尚龛

代是宋代。书中描述的内容，有“主像为鲁班，位于龛左，其貌为中年、无须……鲁班头微左侧，两脚分开作向左前行状，其左手平持一角尺，腕上挂一铁剪，右手向后平举，伸出二指指向徒弟，作说笑状”。可见，在调查人员初步看来，主像为鲁班的观点被翻。

但在随后的一次调查中，开始改变了世人的观点。

1985 年秋天，大足县文管所工作人员在普查文物时，来到石篆山。在龛顶壁居于地面 4 米高的悬崖顶上，一处表面涂了白粉、彩饰有花纹的地方，吸引了普查人员的注意，他们仔细辨识其中的内容，发现居然保存有一则漫漶较为严重的题记。

这则题记里，可以辨识“梁武帝问志公和尚曰：世间有不失人身药方否？公曰：有……”等字，其后，还有“岳阳文惟简镌乙丑岁记”。

这一题记的发现，既弥补了之前认识的不足，也纠正了很多人对这龛造像的误读。

一个是可以知道这龛造像的年代，是在北宋元丰八年（1085 年），负责雕刻的匠师仍是石篆山的具体营建者文惟简。第二个是可以证明造像题材为“志公和尚龛”，而不是李型典所说的鲁班龛。事实上，在北宋时期严逊主持营造石篆山石刻的时候，就立有碑刻记载当时造有十四龛像，其中就明确记载有“刻像凡十有四……曰志公和尚龛”。那么，这一题记的发现，可以与宋代碑刻相互印证。

志公是何许人呢？

志公，是南朝齐、梁时期的高僧宝志禅师，金陵（今南京）人，佛教文献记载他 7 岁出家为僧，居止无定，饮食无时，发长数寸，常跣行街巷。执一锡杖，杖头挂剪刀及镜，或挂一两匹帛。梁武帝曾亲自向志公请教治疗“烦惑未除”的药方，而这药方也雕刻在此次新发现的龛顶壁题记中。

那么，我们再来看看这龛造像，是否与文献中记载的志公描述相吻合。

这龛造像仅有两身，雕刻在高 2.34 米、宽 2.54 米、深 1.72 米的岩面上，左边一像为中年人模样，头戴风帽，脸形方正，小肚微凸，腰间系带，左手拿一曲尺，手腕挂有一铁剪。右边为一学徒，身穿圆领窄袖服，两手上举担一长棍，棍左右两侧挂有斗、秤砣、扫帚等。二者形象近于师徒，左像正举起右手，指着后面的徒弟，而徒弟面露憨笑，似乎在路途中颇显劳累，请求师父能否早点休憩，为师正笑其体力不济。

造像中，志公和尚像中出现的铁剪，正与文献记载志公常挂剪刀出行相吻合。因此，无论是图像的表现上，还是石篆山的碑刻记载，都表明这龛像是志公和尚龛，而不是鲁班造像龛。

那么，此龛何被认为是鲁班呢？

鲁班是春秋时期著名的发明家，特别是在木工器械领域，他的成就可谓是妇孺皆知，被后世尊为我国土木工匠的祖师爷。在民间，有很多关于他创造发明的传说，志公和尚手中拿的曲尺，相传就是鲁班发明的，也叫鲁班尺。而石篆山这龛造像中的志公和尚，因其手持曲尺等图像特点，加之造像题记较高不易发现，于是就很容易被误认为是鲁班像。

宋代大足人心中“圣母”形象，从石篆山龛像说起

——北宋元丰六年至绍圣三年（1083—1096 年）

在宋代的大足石刻中，有一种造像题材，被当时人尊称为“圣母”，她究竟是什么题材呢？又是什么形象呢？

让我们先来看看石篆山石刻的一龛造像。在石篆山《严逊记》碑中，记载了当时开凿的十四种题材的龛，这其中明确记载有“圣母龛”，它就是今天石篆山石刻编号为第 1 号的诃利帝母龛。

这是一个高 2.1 米、宽 2.53 米、深 1.1 米的造像龛，在正壁的中间为主像诃利帝母，她面目俊秀，头上戴着凤冠，身绕飘带，端坐在石台上。她左手在左膝上抱一个小胖男儿；右手拈一吉祥果，正在逗着身前的男儿，男儿伸出右手正准备接吉祥果。

帝母像左右两侧雕刻有侍女、乳母和小儿像。在帝母的身侧，左右各站立一位少年的侍女，梳着双辫下垂在两耳旁，其中右侧的侍女手持一把圆扇，显得文雅而娴静。在正壁的右侧，坐着一位乳母，面露微笑，头微左斜，身材丰满，胸前的衣襟散开，露出饱满的双乳，双手在怀中平抱一个欲睡的小儿。在乳母的左边有一个小儿，一手捧住乳母怀中小儿的头，一手去抓住乳母的乳尖将奶头塞给其怀中的小儿。

石篆山诃利帝母龛

诃利帝母像

乳母像

在这些像的两侧，还刻有六个小孩。正壁是两个正在游戏的儿童，一个小儿左手高举起一枝莲花，另一个小儿正伸出手去抢夺。左侧壁盘膝坐着两个小孩，一个手持手鼓，正在拍鼓取乐，另一个小儿敞开衣襟，张口作笑，胸前还捧着桃子等物品。右侧壁也刻有两个小儿，一个小儿手上有一只雀鸟，另一个小儿伸出手去正在逗雀鸟。

这是一龛富有浓厚生活气息的造像，你看，乳母哺育小儿的场景，不就是当年宋代乡村常见的情景吗？还有，那些嬉戏的孩童，正是童年玩耍时的真实写照。

不过，这龛造像没有发现一则镌记，其造像时间，当在石篆山石刻造像集中的北宋元丰六年至绍圣三年（1083—1096 年）这一时期。那么，为何这龛造像被尊称为“圣母”呢？这还得从诃利帝母的故事说起。

诃利帝母，也称鬼子母、九子母等。据说是古印度王舍城的牧牛女，因为被人劝至园中舞蹈，遂堕胎儿，其后便发一恶愿，来世将吃尽王舍城孩子。果然，她来生为王舍城娑多药叉的长女，婚后生有五百孩子，同时每天捕食城中的孩子，佛便悄悄将她喜爱的一子藏起，她便悲泣向佛求救，佛说：你有五百孩子，还在怜惜一子，更何况其他人只有一两个孩子。于是，她便投身向佛。

在佛教经典中，还记载了诃利帝母具备的职能，其中就有可以满足世人生育的需求，如可以使“女人欲得男女者”（《诃利帝母真言经》），“其国中人民，无子者来求子，当与之子”（《佛说鬼子母经》）。这一职能，正好满足古代民众祈求子嗣的意愿。于是，诃利帝母的信仰得以在民间流布，并自然被尊称为“圣母”。这一称谓，体现出民间乞求子嗣、多子多福的世俗观念。

大足石刻的诃利帝母造像中，不仅仅石篆山第 1 号被尊称为“圣母”，还见于峰山寺第 7 号，正中为头戴凤冠的帝母，其旁刻有一身未完工的乳母和一个背上长有双翅的孩子，残漶的造像镌记可知，祈愿者希望“造圣母”而“合家欢乐”，造像时间是南宋绍兴六年（1136 年），雕刻的匠师为文玠。

佛经中也记载了诃利帝母的图像，如在唐代高僧不空所译的《诃利帝母真言经》中，提及“若有女人不宜男女”者，可以画诃利帝母像，“身着天衣头冠璎珞，坐宣台上垂下两足，于垂足两边画二孩子，傍宣台立，于二膝上各坐一孩子，以左手怀中抱一孩子，于右手中持吉祥果”。类似图像，在石篆山第 1 号诃利帝母龛，以及大足石刻其他雕刻作品中或多或少有所体现。

茅草坑诃利帝母龛

据多年来调查，大足石刻中还遗存有较多诃利帝母龛，它们也基本上沿袭石篆山造像龛的样式，头戴凤冠，身旁有乳母，周边有数量不等的小孩，如大足北山石刻第 122、289 号，石门山石刻第 9 号，老君庙石刻第 6 号，玉滩石刻第 3 号以及茅草坑石刻等。这些造像的时间也都在宋代，造像龛中，诃利帝母基本上气质高贵、面目慈祥，乳母则是健壮丰满，天真活泼的孩童在龛中表现有不尽相同之处，如石门山石刻第 9 号龛中，帝母像前一身男孩，正紧紧抱住帝母的右腿，正想往上攀爬；而茅草坑石刻中，有一身男像头戴平顶头巾，上身着交领宽袖服，颈戴项圈，显得少年老成。大足境内的这些诃利帝母造像，基本上都是单独在一个龛内加以雕琢，显示出她在信众心中独特而高贵的“圣母”身份。

大足宋代石刻中这些保存较多、雕刻生动的诃利帝母像，不但可以了解宋代地方习俗的实物资料，还可以弥补绘画史料的不足。在古代绘画史料书籍中，也记载唐宋时期很多画家做过鬼子母像，如宋代黄休复《益州名画录》记载的唐代范琼、宋代《宣和画谱》记载的宋代侯翌等，而大足石刻更以独特的雕刻艺术表现方式，成为了解绘画史料记载的珍贵实物资料。

“云想衣裳花想容！”
北山第 180 号观音变相窟

——北宋政和六年至宣和四年（1116—1122 年）

1945 年 4 月底的一天，“大足石刻考察团”一行来到大足北山佛湾调查，精美丰富的石刻造像震撼了这些博学多闻的学者，团队中的吴显齐在日记中说，这里的作品“无论在中国的文化史上或艺术史上，都可以和云冈、龙门媲美”（《大足石刻考察团日记》）。调查间隙，考察团成员站在一窟造像前合影。这窟造像，就是编号为第 180 号的十三观音变相。

从这张泛黄的照片中，隐约可见背后主尊的头像，以及周围嶙峋的岩石。站在这尊造像前的，有著名学者杨家骆、马衡、顾颉刚等。这窟造像娴熟的雕刻技艺，也给此次考察团成员留下深刻的印象，考察团成员朱锦江说“观音有十侍菩萨，菩萨帽上之花纹及式样很多，胸饰璎珞均甚美丽，其渊源另有所本，将来可做一系统的研究”（《从中国造像史观研究大足石刻》）。

那么，这是一个什么内容的造像窟呢？

“大足石刻考察团”在北山十三观音变相窟前留影
（采自：《民国重修大足县志》卷首《大足石刻图征初编》）

北山第 180 号观音变相窟

高 3.75 米、宽 3.79 米、深 3.17 米的第 180 号窟，正中为坐在束腰台座上的观音菩萨，观音虽为坐姿，但是其高度仍有 1.86 米。她头戴高花冠，瘦削的瓜子脸，削肩细腰，右肩袒露，身体微微倾斜，左手撑在台座上，右手抚膝，左腿盘于座上，右腿翘立。其独特的坐姿，与水月观音较为类似。

在主尊两侧，依次站立十二身观音，观音手中所持的器物，是区别她们身份最好的依据。在主尊左侧，由内至外为宝钵、绢索、宝篮、玉印、拂尘和一身风化残坏的观音像。在主尊右侧，分别为捧物（已残坏）、净瓶、如意珠、如意、数珠和一身风化残坏的观音。一般来说，可根据手中的持物来给观音定名，如手持玉印，就定名为玉印观音。这些观音造像，身高均在 1.92 米，肩宽 0.39 米，皆是头戴花冠，胸饰璎珞，粗略远观恍若一致，细细观赏站立的观音群像则变化多端，其头部的动态、五官的细节、服饰上的璎珞和手臂的起伏，都不尽相同，展现出匠师对于个性的注重。

在两侧观音的上方，还刻有一些体量较小的造像，有骑狮的文殊、骑象的普贤，更多的还是观音造像。

在两侧壁观音造像头部上方，调查人员发现了数则造像题记，其中有两则为辨别年代提供了线索，一则说到“县门前仕人”邓惟名，可推测他的身份应是在当时大足县衙内任职的小吏，他在此“造画普见一身供养，乞愿一家安乐”，时间在北宋政和六年（1116 年）。另外一则题记，

观音头像

记述当时大足城内奉佛弟子参与修造的史实，时间在宣和四年（1122 年）。由此可以大致判断，这窟造像的年代，极大可能在北宋政和六年至宣和四年（1116—1122 年）这一时期，也有可能在其不久之前就开始营造。

在这些漫漶的造像题记中，未见有对整窟造像的定名。1945 年大足石刻考察团的调查，称为“观音十侍菩萨窟”，因为窟门处两尊观音残坏，所以有“十侍菩萨”的说法。在 20 世纪 80 年代的调查记录中，这窟造像的命名为“观音变相”，这一说法沿用至今。由于主要是主尊和两侧壁的观音造像，所以也有称为“十三观音变相”。但是，这样组合的造像窟也引起学术界的怀疑，如陈少丰在《中国雕塑史》（岭南美术出版社，1993 年）中，说“这一全以各种菩萨（主要是各种观音菩萨）造像组合而成的窟，其例罕见，名称、内容尚未得确解”。随着大足石刻研究的深入，一些新的说法也出现在论著之中，这其中，李巳生在《大足石刻之美》（《大足石刻研究》，四川省社会科学院出版社，1985 年）一文中认为“据此窟题记残字及造像特色推测，可能出于《华严经》中所说普贤神变内容”，也就是这窟题材可能是“普贤神变窟”。此外，还有认为是毗卢佛与十二圆觉菩萨窟。

而对于第 180 窟文字论述，主要的还是对它的艺术欣赏。李巳生在《大足石刻之美》中，深情地写下这么一段文字：

> “云想衣裳花想容”，匠师们可能与诗人李白有同样感受。客观事物丰富无比，在统一和谐之中富于多样变化。试看大足石刻，形象如美丽多姿的花朵不相雷同，服饰如飘浮的彩云千变万化。千百年来，虽同一菩萨，造像何止千万，粗看形象相同，细看又各有特点，如北山第 180 号窟中的菩萨群像全是严肃地站立着，服饰一律是通肩广袖，但是细看头部动势，五官造型都有细微变化，手臂高低曲直和衣褶走向，宝冠样式和图案纹样也大同小异，越看越感到变化多样。

事实上，仅仅就北山石刻而言，自五代石刻之后，这一山湾中就很少有雕琢之声响起。直至北宋后期第 180 号开凿之后，才又较大规模延续起北山石刻雕琢的历程，也为其后大足石刻营造极为盛行的南宋时期作品，在雕刻技艺、布局等多方面都奠定了重要的基础。

玄奘取经故事图，为何出现在大足北宋五百罗汉窟之中？

——北宋宣和三年至四年（1121—1122 年）

大足石刻很多宏大的造像龛窟中的一些细节往往暗藏着极具价值的题材。开凿于北宋后期的北山第168 号窟，就是这样一个造像洞窟。北山第 168 号是一个高 2.3 米、宽 3.14 米、深 7.1 米的洞窟，因为窟内主要是雕刻众多的罗汉像，所以一直被称为“五百罗汉窟”。

北山第 168 号五百罗汉窟

在深达 7 米多的窟底部，正面的崖壁上开凿有一个小龛，高 0.8 米、宽 1.35 米，其内雕刻有一佛二菩萨，皆是结跏趺坐在莲台之上，在其间和左右两侧有比丘、侍者。

在正壁和左右两壁，分为六层雕刻罗汉形象，数量多达五百余身。这些罗汉像形象姿态各异，变化多端。他们或是一手托腮，似乎正沉浸在遐思的愉悦之中，面带微笑；或是侧首凝视，正与旁边的罗汉对话；或是独自抱膝而坐，悠闲自乐；或是手拄杖，正凝视远方；或是盘膝而坐，手持数珠，正诵念佛经……

在罗汉像上下排之间的石埂上，雕刻有一些造像题记，其中有几件基本上可以辨识全文的意思。如有一则说当时大足城内的奉善弟子李世明夫妇，为他们膝下的女儿捐资营造了五身罗汉像，祈愿“合家安宁，寿命延长”，时间在北宋宣和三年（1121 年）七月初五；又如，当时昌州大足某乡的何仪兴一家，发心镌造和妆绘了罗汉像 19 位，时间在宣和四年（1122 年）六月。此外，还有王惟祖、王北倒等人的捐资营造题记。从这些残存的文字中可以知道五百罗汉窟的营造时间，大致在北宋宣和三年至四年（1121—1122 年）；还可以知道这个洞窟，也不是由一人捐造完成，而是由当时大足一带的一些信众，自愿捐资雕刻而成，他们每家每户认造一些罗汉，集众人之力，终成此洞窟的罗汉群像。

罗汉是佛教艺术中常见的题材之一。罗汉，为阿罗汉的简称，是得道修行弟子的最高果位，其意思有杀贼、应供、无生的意思。唐代著名高僧玄奘翻译的《大阿罗汉难提蜜多罗所说法住记》中，明确提及十六罗汉的姓名，并叙述到佛涅槃之际，嘱托他们住世间“护持正法，饶益

五百罗汉雕像（局部）

有情”。同时，十六罗汉便成了唐五代、两宋时期绘画、雕刻的一个流行题材，如开凿于五代时期的大足北山石刻第 36 号、第 220 号，就是佛和十六罗汉的造像龛。之后，在艺术作品有十八、五百等众多数量的罗汉题材的出现。

与绝大多数罗汉群像不同的是，在北山第 168 号窟罗汉像之间，出现一幅“取经图”。

在洞窟的左壁，由上至下的第二排，两身罗汉像之间，有一图像与其他皆为一身罗汉像大不相同。这幅图前方雕刻一身站像，不过现仅存肩部以下部分，在他的后面刻一马，马背上有鞍，托着一圆柱体的器物，在其上有梯形的圆柱体，正面刻着光束，表示马背上托着的佛经正在发出光芒。马的后上方刻着一像，身姿前倾，双目紧紧盯住下方的站像和马，双手各持一刀，似乎正在急追。

取经图是石窟和寺院中备受关注的题材，大多发现于北方地区，特别是在敦煌石窟之中，它们大多数表现的是唐代高僧玄奘西行取经的故事。而西南地区在元明之前的取经图，之前仅仅在四川泸县延福寺石刻有所发现。北山第 168 号五百罗汉窟的这幅图像，为何表现为取经图？这其中的缘由较多，其中有一点很重要，那就是在关于唐代玄奘取经的史料中，记载有玄奘险些被谋杀的故事，如在《大慈恩寺三藏法师传》中，记载玄奘出玉门关时，得到了一位石盘陀的胡人的协助，在休息的时候，二人相聚五十余步，各自准备入眠，不料那个胡人拔刀而起，慢慢走向玄奘法师，还未到十步，就返回去了。法师于是坐起来念诵观音菩萨，胡人看见便入睡。

玄奘取经图

类似的故事，在其后记载玄奘事迹的典籍中也有记载。胡人谋杀玄奘仅仅是取经路上的一次遭遇，类似遭遇还有很多，而这些故事，在明代吴承恩笔下，演绎成了历经各种艰难险阻的长篇小说《西游记》。

因此，大足北山第 168 号窟内出现的取经图，也进一步丰富了大足石刻的造像题材，对于了解取经图的传播、《西游记》故事演变等多方面都具有极高的价值。

在这个深邃的洞窟中央，还矗立着一座八角形的棱台，根据其上所刻的碑文，可知为“明西域坐脱大禅师之塔”，俗称“西域禅师坐化塔”。据碑刻介绍，西域禅师不知是何国人，明代癸酉年（1633 年）的夏天，从合州来到大足，人皆不认识。他先后游览了大足的妙高山、报恩寺、天庆观、宝顶山、北山等寺观、名山。禅师不通汉语，雅好清静，给人印象行迹怪异，如选地而坐不乞食，样貌服饰颇为怪异，发长委地三尺余，两臂隐隐有莲花，在其盛粮的口袋内装着石头，还有贝叶经。禅师圆寂之后，当时报恩寺了智等僧人，以及诗人潘绂将他安葬在北山的五百罗汉窟内。今窟内的塔上，还保存有明代崇祯七年（1634 年）潘绂撰写的禅师记事碑。

大足石刻的每一个龛窟之中，都隐藏着历史悄然留给后世的故事，也许它就在细节之间。行走在石刻艺术长廊之中，究竟还有多少营造者以特殊的艺术方式暗藏的故事？或许，随着发现的目光，会有越来越多的细节得到解读。

密宗流传大足的见证：以北山孔雀明王窟等为例

——北宋靖康元年（1126 年）

孔雀，是一种深受世人喜爱的禽鸟，尤其是孔雀开屏所绽放出的七彩身姿，令人过目不忘。

在印度，孔雀有着特殊的地位，它是一种象征吉祥如意的幸福鸟，被视为国鸟。早在远古时代，印度人民就把孔雀的形象刻在多种器皿之上，雕在庙宇建筑之间。在印度名闻国内的卫特那博物馆里，有许多孔雀王朝时代的塑像，其中最著名的一座塑像为“拿孔雀毛扇的女子”。

孔雀也颇受佛教重视。佛教经典中就有《孔雀王本生》《孔雀经》《孔雀明王经》等以孔雀作为主角的经典，这其中，晋代高僧竺法护翻译的《孔雀经》中，说道：“欲知尔时孔雀者，我身是也；乌（乌鸦）者，诸外异学也。”可见孔雀在佛教中的地位。之外，还有大量佛经中提及了孔雀，如《阿弥陀经》描述的西方净土世界中，就说有白鹤、孔雀、鹦鹉等“种种奇妙杂色之鸟”，它们“昼夜六时，出和雅音”。

北山第 155 号孔雀明王窟

在有关孔雀的经典中，《孔雀明王经》曾在大足一地广为流传。经中叙述到有比丘莎底，一天被大黑蛇所咬，“毒气遍身，闷绝于地，口中吐沫，两目翻上”，阿难得知后便向佛祖求救，佛对阿难说：“我有摩诃摩瑜利佛母明王大陀罗尼，有大威力，能灭一切诸毒、怖畏、灾恼、摄受，覆育一切有情，获得安乐。”阿难听闻佛说此经后，便前往莎底比丘住所，以此“佛母大孔雀明王法”为其除去苦恼，随即“苦毒消散，身得安隐”。

受《孔雀明王经》的影响，在大足石刻中出现了较多的孔雀明王雕像。其中，北山第155号窟，有目前大足境内发现的唯一有纪年的孔雀明王造像。

北山第155号孔雀明王窟，为一高3.47米、宽3.22米、深6.07米的长方形洞窟，在中心柱雕刻孔雀明王，明王头戴花冠，面容端庄慈祥，身披荷叶形披肩，胸饰璎珞，身绕披帛下垂置莲花台座上，身有四臂，分别持佛经、宝扇、如意珠、孔雀羽毛。明王莲花座下为一孔雀，头右倾斜，双翅展开似欲展翅远飞，胸部圆浑饱满，身后的尾羽后翘，通过明王身后直接连接到窟顶部，既形成了明王的身光，又起到极好的装饰作用。将孔雀明王像作为支撑洞窟的设计，来源于佛教石窟寺的中心柱，设计者创造性地将孔雀与明王设计成为支撑洞窟的中心柱，将实用与艺术巧妙地结合在一起，可谓构思精巧、匠心独具。在大足石刻中，这种中心柱洞窟设计，如北山孔雀明王窟，出现较早。这种设计的理念也为后来出现的大型洞窟提供了思路，如其后的北山转轮经藏窟、南山三清古洞等作品，皆是将支撑洞窟的中心柱与艺术雕刻融为一体的典范之作。

千佛造像

在孔雀明王窟内正壁和左右两壁，上下刻有十余排佛像，数量多达千余身，坐于莲座上，身后有椭圆形背光，佛像除端庄正坐外，亦有多身抱膝侧首者，手持种种器物者，从而显得不囿于一格。在多数的孔雀明王造像中，基本上是以孔雀明王为主尊，两侧雕刻有关的故事图，唯此处在三壁环绕的皆为佛像，“形成此窟别具一格的布局和情调”（陈少丰：《中国雕塑史》，岭南美术出版社，1993 年）。

该窟中有造像题记，为“丙午年伏元俊、男世能镌此一身”，可知为伏元俊、伏世能父子所雕琢，据考察时间为北宋靖康元年（1126 年）。该窟捐资造像的一些人物，通过近年来的调查发现，未见有清晰可辨的相关题记。不过，在清代嘉庆二十三年（1818 年），著名学者张澍任大足知县，在北山实地考察时，发现有一则题记，记载宋代昌州的典史刘安造孔雀明王，其后收录在张澍的《大足金石录》手抄本之中。近年来，几经周折发现的《大足金石录》一书，终于出现在世人面前，从而才了解到清代嘉庆时期（1796—1820 年）大足石刻铭文的一些珍贵资料，这其中就包括这则现已漫漶了的典史刘安捐资造像的记载。

在中国石窟艺术中，孔雀明王的图像主要集中在敦煌和大足石刻之中。敦煌地区的孔雀明王现存有 8 铺，五代时期有 3 铺，宋代有 5 铺。大足一地有 6 处造像，都雕琢在宋代，除北山第 155 号窟，还有石门山第 8 号窟、玉滩第 2 号窟、七拱桥第 4 号窟以及宝顶山大佛湾第 13 号龛等。之外，在四川安岳孔雀洞摩崖造像处，也保存有宋代时期的一处孔雀明王造像。

石门山第 7 号窟高 3.18 米、宽 3.12 米、深 2.31 米，在窟内前部立一中心柱，柱上雕刻主尊孔雀明王，结跏趺坐于莲台上，头戴花冠，面容端庄慈祥，胸饰璎珞。身有四臂，分别持有

石门山孔雀明王窟阿修罗大战帝释天

宝顶山孔雀明王龛

经书、如意珠、宝扇、莲花等器物。在孔雀明王所坐莲座下，雕刻一展翅的孔雀，孔雀尾翎上翘，延伸至窟顶部，在尾翎正面有孔雀明王的身光。

在窟内左右和后壁皆有雕刻，有一佛二菩萨像、双手捧笏的官员像、姿态各异的十八罗汉像，面目狰狞的武士像等，之外还有莎底比丘故事等。其中，阿修罗大战帝释天像颇为生动，帝释天头束发髻，身着甲胄，双手持剑，右手于脑后高高上举，似乎正向前挥舞，阿修罗为六臂，赤裸上身，从画面来看，帝释天正奋力追杀阿修罗，阿修罗节节败退，略做回身，作抵抗状。仔细观赏，似乎听见二神在空中厮杀正酣的声音，尤其是两身造像下面飘举的裤腿，显示出追杀的激烈。

宝顶山大佛湾的孔雀明王龛，高6米、宽9.5米、深3.2米。龛中的孔雀张展两翅，凌空飞翔，其背负之莲台上为孔雀明王，明王面容慈祥，戴七佛冠，四臂分别持莲花、俱缘果、吉祥果（果实已失，仅存果盘）、孔雀尾。龛右壁还刻有佛弟子阿难手持经书念诵，旁边有一比丘俯卧在地，后面枯树中有蛇爬出。此图即表现莎底比丘被大黑蛇咬伤，因听闻《大佛母孔雀明王经》而得到解救的故事。壁下刻有虎、狼、毒蛇等凶猛之兽，以示孔雀明王咒能驱赶它们，消灾免难。

为什么大足一地会出现较多的孔雀明王造像呢？在大足石刻中，孔雀明王皆是作为主尊单独雕琢成一龛或一窟，体现出其在民间信众中的重要地位，故多有雕刻。孔雀明王是佛教密宗的一大本尊，他是佛教中唯一以慈悲相出现的明王像，其他明王皆以愤怒相出现。因此，在宋代大足一地孔雀明王造像较多地出现，还见证了密宗在大足的较为盛行。

大足石刻唯一的弥勒下生经变图：北山第 176 号窟

——北宋靖康元年（1126 年）

弥勒佛，是佛教艺术中常见的形象，大家熟知的笑容可掬的大肚弥勒佛，就是其中之一，在寺院中常常能见到他“大肚能容，容天下难容之事；开口便笑，笑世间可笑之人”的这种形象。

据佛经记载，弥勒是释迦牟尼的继任者，现住在兜率天，经过 56 亿多年后，弥勒就从兜率天下生到人间，在龙华菩提树下成佛。讲述弥勒成佛的经典主要有《弥勒上生经》和《弥勒下生经》，这两部经书记载了弥勒净土的情况，其中说弥勒一旦下生世间做佛，天下太平，毒气消除，雨润合适，五谷滋润，人皆寿 84 000 岁。受其影响，弥勒信仰传入之后，受到士庶百姓的普遍崇尚，其造像也遍布石窟艺术之中，“山是一尊佛，佛是一座山”的乐山大佛，就是唐代开凿的一尊弥勒佛像。而讲述弥勒的经变也较多出现在石窟寺中，在大足石刻中，就保存有这样一窟艺术作品。

北山第 176 号弥勒经变窟

大足这处弥勒造像窟位于北山佛湾，编为第176号，是一个高2.72米、宽1.92米、深2.4米的洞窟。正壁，是端坐的弥勒佛像，左手抚膝，右手膝间结印，结跏趺坐于莲台上，座下有三狮举座。在弥勒两侧，站立着迦叶和阿难。弥勒佛背后有靠背椅。头顶上部有宝盖，两侧有翱翔的飞天，盖中发出四道毫光，飘至窟外。弥勒座下的雕刻甚为精细，正中有一石狮，双爪举座；两侧石狮一爪举座，一爪拨弄绣球，憨态可掬。在石狮中间，刻有手持乐器正在演奏的伎乐。

在窟左右壁雕刻人物众多，除常见的文殊、普贤菩萨之外，主要展现的场景，是襄佉王与弥勒佛母在虔诚听法的场景。襄佉王与弥勒佛母向弥勒问法的故事，在《弥勒下生经》中都有描述，说“襄佉王闻弥勒已成佛道，便往至佛所，欲得闻法”，弥勒佛便与襄佉王说法，闻佛法之后，襄佉王回去便立太子为王，将很多的珠宝赠送给了剃头师，还把各种宝物赠送给了诸婆罗门及其他的出家修行者。他自己则带领了八万四千众生，来到弥勒居住之地，希望出家为沙门，做弥勒佛的弟子。这些人在弥勒佛的指导下，勤力修行，很快变成正道，成为阿罗汉。北山弥勒下生经变窟右壁上部，就是表现襄佉王率众生问法的这一场景。右壁上部正中雕刻的襄佉王，双手于胸前持物，身后的宝座为宽大的背屏，两侧站立六位侍者，其中有四位执羽扇和日月宝扇，身前有四位身着甲胄的武士。其服饰、仪仗等具有中国古代帝王的特点。左壁上部则表现弥勒佛母问法，《弥勒下生经》记载弥勒的生身之母梵摩越夫人，率八万四千嫔妃彩女向佛求出家为佛弟子的故事。在左右壁，还有两组剃度的场景，表现的就是襄佉王与弥勒佛母出家为沙门的场景。

右壁造像

树上生衣图

在左右壁下部，雕刻有佛经中叙述的弥勒世界的美妙场景，据《弥勒下生经》描述，弥勒降生于翅头末城。城中七宝楼阁甚多，金沙覆地，金银堆聚。谷物一种七收，食之香美，气力充足等。如其中有一图，在一树枝上，一位老者正伸手在其上摘取衣服。据《弥勒下生经》描述，在弥勒世界中，“自然树上生衣，极细柔软，人取诸之”，也就是常为人所乐道的“树上生衣”，该图表现的正是此场景。又如一组图，表现的是弥勒世界老人入墓场景，一位中年男士正躬身作揖，恭请一位手中拄杖的老年人进入墓内，表现的是弥勒世界中“人命将终，自然行诣冢间而死”的情节。

窟内存有雕刻匠师所题刻的铭文，为“本州匠人伏元俊、男世能镌弥勒泗州大圣，时丙午岁”，可知其雕刻时间为北宋靖康元年（1126年），匠师为伏元俊和其子伏世能。之外，毗邻该窟的第177号泗州大圣窟，时间和匠师相同。

此窟造像人物繁多，个性鲜明，布列有序，主次分明，特别是人物众多的场景，纷繁而不杂乱，体现出匠师对复杂题材驾驭的高超能力。所以，金维诺、罗世平在《中国宗教美术史》（江西美术出版社，1995年）一书这样说道：“全窟构图设计精密，人物形象雕造生动，既能见出

半开门及剃度图

雕塑的美感，又具有经变画的丰富性。”

这个雕刻丰富的造像窟，随着研究的不断深入，一些造像细节，也逐渐受到专家的关注。如弥勒身后座椅一带的雕刻，在圆形头光下方疑似雕刻有水禽，中部雕刻有龙头，龙头下刻有骑羊的童子，它们“雕刻的内涵，应是‘六拏具’座的简化形态”（马世长：《大足北山佛湾第 176 与第 177 窟——一个奇特题材组合的案例》，《2005 年重庆大足石刻国际学术研讨会论文集》，文物出版社，2007 年）。完整的六拏具一般刻的是金翅鸟、摩羯鱼、龙子、童子、象和兽王（狮子）的形象。六拏具是密教六种以动物象征组成的法相装饰，传入中原之后，最早见于洛阳一带的优填王像身后，流行于初唐时期，其后又被用于弥勒像。

弥勒经变在敦煌莫高窟中，是表现颇多的题材之一，从初唐开始一直延续到北宋，都是此地经久不衰的艺术题材，其中表现一种七收、树上生衣、耕获、送老人入墓等图，生活气息浓郁，历来备受称道。而在巴蜀地区甚至于国内众多石窟中，虽然有关弥勒的造像遗存甚多，但是以雕刻方式来表现弥勒的经变，目前调查发现极为少见，可见大足北山该窟造像的稀有。由此来看，这窟开凿于北宋末期的弥勒下生经变窟，展现出了古人理想中弥勒世界的美妙，也留下一处极为珍贵的表现弥勒世界经变的石刻艺术作品。

争议不断的北山第 177 号窟：地藏窟，还是泗州大圣窟？

——北宋靖康元年（1126 年）

在大足石刻众多造像中，其所在的龛窟的定名，历来是争议的一个热点。比如石篆山石刻中志公造像龛，从清代一直到 20 世纪末都曾识别为“鲁班龛”，其后随着铭文的发现和图像的考察，原来是关于高僧志公的造像龛。

雕刻于北宋靖康元年（1126 年）的北山第 177 号窟，也是这样一个定名上有所争议的造像窟，而且迄今都还有学术界关于定名探讨的论述。

近年来的解说中，基本上称这窟造像，为僧伽和宝志、万回三位圣僧组合像。先按照现在多数专家的认识，我们对这一窟造像情况大致认识一番。这是一个高 3.32 米、宽 2.2 米、深 2.54 米的洞窟，在窟内现存主要是三位高僧像，居于中间的是泗州僧伽和尚，头戴披风，身着袈裟，神态憨厚，面容慈祥，双手拢于袖中，放于身前三足夹轼上，身后有高背椅，在椅左右分别有仅露大半身的造像，左侧像手持锡杖，右侧像手捧净瓶。

北山第 177 号窟

正壁主尊

左壁造像

右壁造像

左壁刻高僧志公（宝志）和尚，头戴披风，身着袈裟，眼目深陷，颧骨凸显，左手持一手杖，杖头悬挂有剪刀、拂尘等器物。右壁雕刻高僧万回，头戴披风，结跏趺坐于椅上。这两位高僧身边皆有弟子像，他们站立在近窟门一侧，其中左壁弟子保存完好，右壁弟子已风化，模糊不清。在窟左壁上部有一则题记，刻“丙午伏元俊镌记丙午年记”。据考，此丙午年为北宋靖康元年（1126 年），由此可知这窟造像的时间。该窟与其旁的弥勒下生经变同为伏元俊父子雕刻，此窟采取大胆写实的手法，人物形态逼真，手法简洁明朗，可见匠师在处理不同题材时采取不同手法的高超技艺。

在 20 世纪很长一段时间里，这窟造像在世人眼中，不是三位高僧像，而是地藏像。

让我们沿着历史著述的痕迹，去了解一下这窟造像定名的来由。1945 年，大足石刻考察团成员之一的朱锦江先生在《从中国造像史观研究大足石刻》（《民国重修大足县志》“卷首”）文中，介绍此窟说“地藏窟——窟中有地藏像，两侧有比丘尼，壁上刻有伏元俊镌记，因此证明地藏窟为此人所造”，并且还说此窟具有“线条粗豪”的艺术特点。其后，陪同大足石刻考察团的大足人陈习删先生，在 1955 年竣稿的《大足石刻志略》（载《大足石刻研究》，四川省社会科学院出版社，1985 年）著作中，专门对这一窟进行了简要的叙说，认为这个洞窟造像是“地藏五化身”，居于中间的是地藏菩萨，“左右两壁刻四化身像，近窟口处二像已毁，尚存二像”，进而说“此部造像为地藏变，为菩萨变之一种”。值得一提的是：他认为左壁的化身像，为高僧宝志大士，这为后来研究者进一步研究提供了很好的思路。对于这一窟的艺术性，他说“此部构图简洁，线条亦朴实苍劲，一扫当时画院纤弱繁缛之陈套，而开后世写意画派之先河”。

这些研究成果，也影响到其后的调查。1985 年由四川省社会科学院出版社出版的《大足石刻内容总录》，在记述这窟造像时，就将窟名定为“地藏变相图”，在具体的描述中，中间“主像为地藏本身像”，左右壁有 4 身地藏的化身像。很明显，这样的定名受到了陈习删《大足石刻志略》等著述的影响。

其后不久，一篇学术论文改变了大家对这窟造像定名的认识。1987 年第 1 期《美术史论》发表了顾森先生的论文《大足石篆山“志公和尚”龛辨正及其他》，文中在论述石篆山鲁班龛应为志公和尚龛之后，认为这一观点对研究大足石刻相关造像极有帮助。根据石篆山志公和尚手中有铁剪、角尺等器物，可以判断出北山第 177 窟左壁坐立的高僧也为志公和尚，因为在这身像手中所持的锡杖上面，出现了剪刀、尺子、拂子等器物，加之图像具有高僧特点，因此，可以判断出左壁的这身像为高僧志公像。由此进一步怀疑起这窟全部为地藏造像，值得关注的是：在这窟与毗邻的第 177 号弥勒下生经变窟中间，有一则题记，上面刻“本州匠人伏元俊男世能镌弥勒泗州大圣时丙午岁题”，由此怀疑正壁为泗州大圣，在一番论证之后，作者得出了结论，认为第 177 号窟内的正壁的主尊不是地藏菩萨，实为泗州大圣僧伽和尚，背椅左右站立的是木叉、慧俨两位弟子，在左壁的则是高僧志公。所以，北山第 177 号窟“应更名为‘三高僧龛’或‘泗州大圣龛’较为切近”。

随后的一些研究论述，大多认为这龛造像居中的是泗州僧伽大圣；左侧为志公，旁边站立的是他的弟子；右侧为高僧万回，旁边漫漶不清的造像遗迹，是他的弟子。其实，早在唐代，就出现有僧伽和宝志、万回三位圣僧的组合像，僧伽像居中，两位高僧分列左右。

僧伽等高僧为何如此受到世人崇拜呢？据佛教典籍记载，僧伽系“观音菩萨化身”，典籍还记载僧伽很多灵感事迹，故在唐宋时期备受崇奉，信众上自帝王，下自庶民，有关其雕塑、画作遍布国内，有的地方还设立有泗州堂、泗州塔、泗州院专门供奉。在巴蜀地区的内江、安岳、潼南以及大足玉滩等地的石窟造像中，还有专门讲述僧伽故事的经变雕刻。

对于这窟造像的研究，近年来仍受到学述界的高度关注。2005 年，北大教授马世长先生《大足北山佛湾第 176 窟与第 177 窟》文中，不但探讨了窟内造像定名的具体依据，认为窟内三位僧人雕像“被认定是宝志、僧伽和万回的组合，应是合理、可信的”，还进一步说到这窟造像，与毗邻的第 176 号弥勒下生经变窟关系紧密，他说大足北山第 176 窟与第 177 窟，“在形制上两窟左右毗邻，形制相同；同一工匠雕琢，同年完成”，“这是一组统一设计的双窟，不仅在形制上存在组合关系，在洞窟题材内涵上，也同样存在内在联系”，这种组合与联系，“应是源于伪经《僧伽欲入涅槃说六度经》”（《大足北山佛湾 176 与 177 窟——一个奇特题材组合的案例》，《2005 年重庆大足石刻国际学术研讨会论文集》，文物出版社，2007 年）。

就在世人以为此窟定名基本可以确定之后，大足石刻研究专家郭相颖却提出另一个观点，认为第 177 窟是以“金地藏”为主尊居中，左壁是宝志和道明和尚，右壁是泗州大圣和闵公，也就是说，这窟造像不能定名为“地藏变相”或“泗州大圣像”，应定名为“地藏圣僧像”才符合造像实际（《大足石刻探疑三则》，《2014 年大足学国际学术研讨会》，重庆出版社，2016 年）。

北山第 177 窟仅仅只有 7 身雕像，回望其研究历程，显得颇为曲折。随着石窟艺术研究的持续深入，或许，还有更为深入的探讨在之后得以涌现，从而加深对这一造像窟更为接近真实历史的认识。

第四章　南宋（上）

祈干戈永息！“靖康之难”后营造的北山如意轮观音窟

——南宋建炎二年（1128 年）

北宋末年，北宋王朝日趋腐败，国势江河日下，与此同时，北方女真部落日益强大，建立了女真政权，国号大金。随后，金兵大举南侵。北宋靖康二年（1127 年）正月攻入北宋都城汴京，扣押宋徽宗、宋钦宗，废黜为庶人，史称“靖康之难”。这一年的五月，金兵北撤之后，北宋旧臣拥赵构为帝，改年号为建炎，史称南宋，赵构也就成了南宋第一个皇帝，即宋高宗。

在这个兵荒马乱的时代，期冀天下太平成为朝野之中共同的祈愿。在大足北山，就有当时担任昌州知州的官员，在南宋建炎二年（1128 年）捐资营造的如意轮观音窟内，深切地发出“干戈永息”的祈愿。

这个造像窟是北山佛湾的第 149 号如意轮观音窟，它是一个高 3.43 米、宽 3.22 米、进深 3.46 米的洞窟。在窟的正壁，雕刻 3 身端坐的观音，居中的为如意轮观音，左手持一莲花斜置于左肩处，莲花中间有一宝珠，发出火焰形光；右手在胸前结印。左侧为观音，手捧净瓶，一手举柳枝；右侧为白衣观音，双手捧如意。这 3 身观音，皆头戴花冠，胸饰璎珞，结跏趺坐于莲台上。

北山第 149 号如意轮观音窟

任宗易和侍者像

任宗易夫人杜氏和侍女像

在窟正壁两侧，站立着捐资修造洞窟的供养人。左侧有一男官员，头戴长脚幞头，颌下有须，双手拱于胸前，旁站立一男侍者。右侧有女像，容貌年轻，双手合十于胸前，身旁站立一位女侍者。在正壁3身观音像身后以及左右壁，雕刻有数十余身神将，其中左壁19尊，右壁18尊，文武皆备，男女皆有，动作不一，表情各异。

从窟内现存的铭文可知，该窟的捐资者为知昌州军州事的任宗易及其夫人杜氏。因此，正壁左右两侧的供养人即为任宗易夫妇，他们于南宋建炎二年（1128年），捐资营造此“如意轮圣观自在菩萨”一龛，希望“永为一方瞻仰”，并祈乞“干戈永息”。

作为一州知州的任宗易，缘何营造如意轮观音窟呢？这还得从如意轮观音说起。

如意轮观音，为密宗六观音之一。信奉该观音，有诸多利益，如《如意轮陀罗尼》中记载，“应堕阿毗（鼻）地狱之者，悉能消灾”“一切疾病，种种灾厄，魍魉鬼神……由经诵念，皆得除灭”等等。如意轮观音在唐代就颇受到崇奉，如唐代诗人王维（699或701—761年），就曾作有《绣如意轮像赞》一文，其中说到“如意轮者，观世音菩萨三昧门，现方便于幻眼，六臂色身”。

左壁造像

对于如意轮观音的形象，在唐代密宗高僧不空译的《观自在如意轮菩萨瑜伽经》中，描述甚为详细，如说“手持如意宝，六臂身金色”，可知如意轮观音为六臂，所以王维的文章才有“六臂色身”的描述。此外，还有二臂和四臂的形象。在这些手臂的姿势中，其中较常见的是右边的一手支撑头部，菩萨头微侧作思维状；双腿皆处于莲台上，左腿盘曲，右腿半曲。这是如意轮观音最常见的手臂和身姿形象。这种形象的如意轮观音保存较多，如在敦煌莫高窟、陕西法门寺地宫以及大理国《张胜温画卷》中都有相关作品。巴蜀地区也有较多的遗存，文献记载中，唐代画家辛澄在成都大圣慈寺内的九身阁内，绘有《如意轮菩萨》，时间大约在建中元年（780 年）；广元千佛崖、丹棱郑山、巴中南龛等地也有石刻造像。开凿于晚唐的大足北山第 50 号龛，也是如意轮观音作为主尊的造像龛，其形象为作思维状，身有四臂。

与之前多数为六臂（或四臂）、作思维状等形象的如意轮观音不同的是，北山第 149 号为二臂、端坐，在众多如意轮观音像中殊为独特。此窟不同之处还表现在：正壁如意轮两侧各有 1 身观音，3 身观音身后有明王、女像等；在窟两侧壁，雕刻着大量的神众。据考，如意轮观音形象与唐代菩提流志译的《如意轮陀罗尼经》中“坛法品”描述的如意轮观音，大体相符。窟内其他造像，也或与《如意轮陀罗尼经》中“坛法品”的记载有关。该品在叙述坛法时，分为内院和外院。内院中，在如意轮圣观自在菩萨周围，分别有圆满意愿明王、白衣观世音母菩萨、马头观世音明王、罗刹女等像，此或为正壁诸造像的来源。外院中，有众多的部众，如“东面画天帝释，左右画诸天众围绕”“北面画多闻天王，左右画诸药叉众围绕”，以及日天子、月天子、大梵天王、风天王、水天王等，此或为窟左右两壁诸护法神众的来源。其中，左壁有一像毛发倒竖，手中横持一口袋，袋口喷发出物，呈放射状，此像或为风神，此形象也见于宝顶山云雷音图，双手按袋作放风状。

在《如意轮陀罗尼经》中，还记载有“若有军阵斗战，官事争讼，由明成就，皆得解脱”。或许因为此，历经北宋末年“靖康之难”的任宗易，虽远在西南昌州为官，但是仍心怀中原动荡不安的战事，由此希冀借助修造如意轮窟而使天下太平，所以在窟内刻下“干戈永息”的深切祈愿。

右壁造像

任宗易在大足一地，仅留下此一处造像窟。查阅宋代诸多的历史文献，极少有关于任宗易生平的记载。从他一家在大足一地捐资营造如意轮窟，祈“干戈永息”的心愿来看，他不但是一位佛教文化的崇尚者，还是一位有着家国情怀的地方官员。

在这之后，如意轮观音在大足石刻中虽仍有雕琢，但也基本上是双臂、身姿端庄的形象。如南宋绍兴十一年（1141 年），在由众多信众集资修建的石门山石刻第 6 号十圣观音洞中，由庞师上父子捐资的如意轮观音完工，他们希望可以“永世康宁、四时吉庆”。该如意轮观音位于右壁，亦为双臂，但是因为一手残缺，所持的器物不详。多宝塔内有两身如意轮观音造像，位于编号为第 7 和第 57 号的洞窟内。其中，多宝塔第二级的第 7 号，是一个高 1.11 米、宽 0.58 米、深 0.78 米的小窟，正中为如意轮观音，结跏趺坐于金刚束腰台座上，左手捧一如意轮，右手于胸前上举作结印状。该龛的题记写道，当时在昌州州府大足，居住于右厢界正北街的奉佛进士刘升和妻子袁氏万一娘，其弟进士刘陟和妻子于氏庆二娘等，于南宋绍兴二十年（1150 年），为他们已故的父亲、曾任“本州（即昌州）助教”的刘揆发心镌造“如意轮菩萨一龛”，希冀“过往生天，见存获福”。

大足南山之上，有个宋代道教神系完备的造像洞窟

——约南宋建炎二年至绍兴十一年间（1128—1141 年）

南山，古代称为“广华山”，位于大足城区南面，远眺可见独峰矗立，满目青翠。明清时期，“南山翠屏”名列大足明清八景。

在南山之上，雕刻有宋代以来道教石窟造像精品，以及众多的书法佳作。南山的石窟造像中，三清古洞不但是南山石窟的代表洞窟，也是大足道教石刻的重要代表作品之一。

编号为第 5 号的三清古洞，是一个呈“回”字形的洞窟，窟高 3.91 米、宽 5.08 米、深 5.58 米，中间有一个高 3.4 米、宽 2.59 米、厚 1.57 米的中心柱。

远观三清古洞造像，首先可见窟前两根拔地而起的圆雕石柱，在柱石上面盘绕两条石龙，二龙龙口相向。在龙口中间，所见便是中心柱正面的雕刻，这是一组展现道教主要尊神的神系雕像，在其顶部雕刻有“三清古洞”四字。下面可分为上下两层，上层正中端坐三位道教的尊神，

南山三清古洞

中心柱左壁造像

中心柱右壁造像

分别是居于中间的玉清元始天尊和分列左右的上清灵宝天尊、太清道德天尊。在这三尊造像两侧，端坐两位帝王像，皆头戴冕旒，手捧朝笏，端坐在龙头靠椅上。下层正中雕刻一牌位，牌位上雕刻有“舍地开山造功德何正言同杨氏，开山化首凿洞张全一同赵氏”等字。根据铭文中出现的人物，如何正言在北山多宝塔内有绍兴年间（1131—1162 年）捐资的雕像，多数专家认为三清古洞雕刻的年代大致在南宋绍兴年间。在牌位下方刻有四位供养人像，左右两侧壁有四神造像，皆为坐式，男像为帝王模样，女像凤冠霞帔，在其身旁还有侍者；下层底部，雕刻有花纹和竖线条。上下两层左右，各有四个长方形框，雕刻有神仙和官员模样的人物。

中心柱外侧造像

三清古洞中心柱正面的这些造像，是道教神灵系统“三清六御”的生动的反映。道教主张“神仙”学说，神仙的概念包括天尊、天神、仙真等。道教是多神宗教，信奉的神仙很多，其“神”和“仙”的系统，也是在发展中逐渐扩充形成的。“三清”是道教

三清古洞天尊群像（局部）

历来尊崇的神灵。早期，太上老君（道德天尊）是最高的至尊神。大约在晋代的时候，道教神系中出现至尊之神的“元始天尊”。南北朝时期，又出现了“太上道君”（灵宝天尊）。在这时，道教便将三位至尊之神统称为“三清”。中心柱上下层的四位帝王像和两位帝后像，被称为“六御”造像，其身份也成为众多专家学者讨论的热点，一般识别为玉皇大帝、紫微大帝、勾陈大帝、后土皇地祇和两位元君。其后，道教神灵系统经过发展，演变为明清时期的“三清四御”神系，并沿袭至今。那么，三清古洞的“三清六御”造像无疑对了解道教神系的演变，具有重要的实物价值。

在中心柱的左壁上雕刻有一图，上为一天尊像，形似帝王模样，头戴冕旒，胸佩玉环，双手捧笏，站立在云端之上，在其身前身后和上方，雕刻有十九位随从，手持有幡、幢、长柄宝扇、铃等仪仗器物。雕刻匠师为了表现在云中飞行的感觉，将衣摆处理成随风后扬状，其中有一侍者，头埋在其他侍者身上，似乎有些害怕，整幅图给人以空中疾奔之感。道教经典中，常常可见描述神仙往赴法会的场景，无疑此幅雕刻可谓是难得的插图。在下方，雕刻一龙，身作五折，龙头呈回首状，一龙爪紧握一宝珠，珠内冒出火焰，在其旁刻有一男像，双手捧一只长柄香炉。

三清古洞全窟的左、右、后三壁，分六层雕刻有天尊像，据考为三百六十应感天尊像，现仍存有 231 尊，他们姿态稍显不一，或为文官模样，手捧朝笏；或为武将装束，双手放置兵器。

三清古洞黄道十二宫（局部）

在近窟门处，左右两壁各雕有六个小圆龛，上下布列，龛内皆有造像，部分已风化，其中，左边的崖壁上可见一匹马、一对夫妇、一只螃蟹、一头狮子等，右边的崖壁上可见两位女像、一杆秤、一只蜥蜴、一人牵一马、一人捧笏站立、一个净瓶等。据考证，这表现的是黄道十二宫。黄道十二宫分别为：水瓶宫、摩羯宫、射手宫、天蝎宫、天秤宫、处女宫、狮子宫、巨蟹宫、双子宫、金牛宫、白羊宫、双鱼宫。黄道十二宫早在唐代的道书中就已出现，之后，为将黄道十二宫与人间祸福紧密相连，道教中人又将其与十二时辰搭配，并谓每一宫中均有主神参将，主宰众生命运。西方天文学中的黄道十二宫来自巴比伦的黄道十二宫体系。巴比伦黄道十二宫体系与中国的二十八宿体系在形成时间上是不相上下的，其影响遍及世界，于公元前后东传至印度，随后与佛教一起传入中国。在最初传入时仅有十二宫名称，早在隋代时的佛教经典中就已出现。不久之后，其图像也传入进来。在我国，十二宫的一些图像也不是固定的，如摩羯宫，在西方是山羊的头、鱼的尾巴组合造型。印度半岛的"摩羯"像一条长着象鼻和翅膀的鲸鱼。传入中国内地后，隋唐时期表现或为龙首鱼身，或为长着翅膀的鲤鱼，辽宋时期还出现用石碑的图形来代替的情况，而南山的摩羯宫，则表现为一位手持朝笏的古代官员的模样。可见，古人在对黄道十二宫部分图像的认识上，具有一定地域性。

在三清古洞内，还保存有大量宋代和清代的碑刻，具有较高的史料、书法价值。这其中，位于三清古洞外壁的碑刻，就可以为了解该洞窟大致营造的时间提供帮助。之前的研究大多认为是南宋绍兴年间所开凿，而通过一件由宋代昌州军州事何格非的诗碑，可以将这个洞窟的营造时间，大致确定在南宋建炎二年至绍兴十一年间（1128—1141 年）。

综观三清古洞造像，雕刻道教神祇较多，有此时期信奉的"三清六御"尊神，也有三百六十应感天尊和黄道十二宫，还有体现道教尊神巡游的场景图，可谓是生动地展现了宋代完备而众多的道教神系。这窟造像，其间总体布局严谨，细节雕琢甚为细腻精湛，不愧为大足乃至于国内道教石刻艺术中的珍品。

北山石刻的一幅线刻图，何以引来诸多疑问

——南宋绍兴四年（1134 年）

大约是 900 多年前宋代的一天，几位举止文雅的游客，来到昌州大足县一个叫惠因寺的地方，欣赏着寺内的壁画，藏经殿内的一幅《维摩诘经变图》引起了他们的注意。临行之际，他们殷切地对寺内的僧人说：遍观这个寺内的壁画，只有《维摩诘经变图》最佳，你们应当妥善地保护。这一简要的游览经历，也记述在画壁之上，这则题记最后落款的时间为“丁卯仲秋月十四”。

这几位神秘的人物，究竟是谁呢？今天，在那则题记中，我们只能看到这样的文字表述“东平十、清河八、成纪三、太原二”，有学者说这可能是他们的籍贯和家族的排行。那么，他们究竟是什么人？为何要如此来表达自己的身份？即使过了数百年，人们都还无从得知。

神秘人物的劝告，随后得到了实施。公元 1134 年，这幅建议保护的壁画，由为“克宁十将”

北山第 137 号《维摩诘经变图》

的昌州官员文志等出资，李大郎重画之后，罗复明将它刻于北山的崖壁之上，参与此事的还有一位叫志诚的僧人。此画便成为北山佛湾石刻中唯一的线刻作品。同时，那几位神秘游客对僧人劝告的话语，也重刻在《维摩诘经变图》的“新家”了。当然，还有记录翻刻成壁画经历的题记，都在新刻的线描图上得以保存，这其中，“克宁十将”文志还在祈愿中特意说到希冀“斯碑不坠”。

然而，文志、李大郎、志诚等人在历史的长河里，基本上就出现在这处线描图的题记之中。尽管我们知道他们的名字，但是他们的生平情况究竟如何，历史迄今都没有告诉我们一个更为详细的答案。

从此，这幅从寺院壁画迁徙到北山的石刻《维摩诘经变图》，便静静地在崖壁之上，数百年来供更多的游人观赏。

从在寺院之中，到北山崖壁上的所有题记，都没有说这幅作品的作者究竟是谁。目前的史料记载，从明代开始，就有关于这幅线刻图的作者为谁的说法。

明代，一位叫曹学佺（1574—1646 年）的学者，在其《蜀中广记》中记载到“昌州惠因院藏经殿后壁，有石恪作文殊诣维摩问病一堵，出杂记”。这则史料说到，从惠因院翻制到北山的这幅线刻图，其作者为石恪。那么，石恪是谁呢？关于石恪，绘画史料多有记载，字子专，

《民国重修大足县志》，载北山《维摩诘经变图》

北山《维摩诘经变图》（《金石苑》摹绘图）

成都人，大约生活在五代末宋初，志唯好画，特别是善于绘佛、道的人物。虽然诸多的绘画史料没有记载他创作过关于维摩诘故事的画作，但是，苏轼的笔下却写过《石恪画维摩颂》等文章，表明石恪的确描绘过此类题材的作品。曹学佺关于这幅作品的作者为石恪的记载，从1945年大足石刻考察团开始，一直沿袭到众多的著作之中。但是，这一观点，也有一些可疑之处，因为曹学佺所见资料来源于“杂记”一类的书籍，具体是何书还待考。所以，一些著述也认为这幅作品的作者为石恪的可能性不大。

不过这幅线刻作品的确是一件不可多得的艺术精品。1945年，大足石刻考察团来到北山，发现后说“虽已漶灭，然大体犹可见，实为绘画史上之重要作品”（吴显齐：《介绍大足石刻及其文化评价》《大足石刻研究》四川省社会科学院出版社，1985年）。随即将这幅线刻图，印在1946年出版的《民国重修大足县志》石刻专辑中。然而，这幅收录的图片，长期以来一直被认为是当时崖壁的拓片，近年来才得知这是一个误解。细心的研究人员通过对比发现，清代《金石苑》收录的线描图和近年来的现场拓片，与县志的书中收录的图片有很多差异，如维摩手执如意、天女手持宝瓶等细节，明显与原作不符，说明该图非原作拓片，只是对原作的一件仿制品（米德昉：《大足北山宋刻〈维摩诘经变〉及其相关问题考察》《中国国家博物馆馆刊》2015年，第3期）。由此来看，历史又为这幅线刻作品增添了几个疑问：为什么会用仿制品呢？那么，又是哪一位仿制的呢？目前来看，还是需要时间来慢慢解读。

那么，北山这幅线刻的艺术精品，究竟描绘了些什么内容呢？

《维摩诘经变图》被编为第137号，高2.08米、宽2.70米。图中主要以《维摩诘经》中的《文殊师利问疾品》为主，近年来的调查发现，该图还兼刻有《维摩诘经》中的其他品，故大多以此为定名。

图中，《文殊师利问疾品》可分为两部分：左为维摩居士及侍女，右为文殊菩萨及相关菩萨和弟子像。画面左侧主像为维摩居士，头扎软巾，浓髯，颧骨凸出，眼睛深陷，头微侧凝视文殊，似正在辩说，结跏趺坐于方形宝床上，双手放于腿间，右手持麈尾，左手拈衣带。其后有山水画屏风，在其左侧站立两身侍者，前者双手合十，后者手执长柄扇；右侧侍女手捧一花盘。

画面右侧有10余身人像，主像为文殊菩萨，文殊菩萨头戴冠，面略庞，有圆形背光，结跏趺坐于须弥座上，左手放于膝盖上，右手略上举，面向维摩居士，似作探问状。在文殊菩萨身后和两侧有菩萨和弟子像环绕，其中，左侧前站立有1身菩萨，头戴花冠，头后有圆形头光，双手捧钵，其身后、右侧有10身弟子像，表情各异：或作倾听状，或作询问状，或作遐思状等等。

细节对比图

左：《金石苑》　　右：《民国重修大足县志》

《文殊师利问疾品》系根据《维摩诘经》所描绘，该经众多的译本中，以后秦鸠摩罗什译的《维摩诘所说经》影响最大。《维摩诘所说经》有十四品，其中第五品为《文殊师利问疾品》，叙述有一居士名为维摩，善于辩论，假装病在家，释迦牟尼知其故，欲派其弟子以探问病情为名，辩论佛教哲理，先后有十大弟子、四大菩萨皆因不敢担此重任而加以推辞，于是佛遣文殊师利前往问疾。时八千菩萨、五百声闻、百千人天，皆欣然从往。维摩诘空其室内一切所有，唯置一床，并示现神通，广为说法。北山此幅图中，主要就是表现此故事。

《文殊师利问疾品》在《维摩诘所说经》中是故事的高潮部分，以此为题材的佛教艺术作品甚多，在巴蜀地区的资中重龙山、仁寿牛角寨、夹江千佛崖等地都有造像；在敦煌现存的众多的“维摩诘经变”中，可谓是“凡此经变，必有此品”（《敦煌学大辞典》“文殊师利问疾品”，上海辞书出版社，1998年）。而类似大足北山这种以石刻线图来表现的作品，在国内都殊为少见。

那么，这幅线刻图的作者究竟是谁？惠因寺又在今天大足的什么地方？当年那些参与这件作品的人物，从寺院内的劝告，到翻刻在北山，究竟是什么样的人物？……历史往往留下一串疑问。但是，我们要感谢曾参与保护这幅画的人。没有他们接连的呵护，今天我们将无法仰望北山崖壁上这处精湛的线刻作品！

“仪态俶谲，非复人间！”
走进石门山十圣观音洞

——南宋绍兴六年至十一年（1136—1141 年）

从南宋绍兴六年（1136 年）开始，到其后的数年里，一对夫妇为了修造一个洞窟，不知道来了多少次大足石门山，或是聆听着工匠雕琢的錾子声，或是亲自参与造像的设计，或是驻足筹谋修造的经费，或是徘徊欣赏着新刻的观音像……

这对夫妇，男的名叫岑忠用，女的是他的妻子裴氏。

经过几年的雕琢，在石门山石刻内终于呈现出一座大型的洞窟造像，它就是十圣观音洞。在洞窟即将要修造完毕之际，岑忠用不禁感慨万千，认真书写下一篇关于“诱化修造十圣观音洞”的短文并镌刻在洞窟之内，文中记下这数年来他修造这个洞窟的经历，还有他的祈愿。在这篇 200 多字的短文中，说自从甲寅岁（南宋绍兴四年，1134 年）以来，“天忽亢旱，雨不应时，民食不足”，于是募化远近信众在石门山上建“观音大洞一所，无量寿佛并十圣菩萨”，“祈风雨顺时，五谷丰盛”，并“愿皇图永固，佛日增辉，舍财信士，所做契心，三会龙华，皆得受记”等。文中也说到了他的家境，“三代贫苦，实无一贯之本”，可见岑忠用属于贫苦家境。正因如此，这个洞窟的修建非他一家所为，而是募捐众多舍财的信众共同完成。洞窟的正式营建，从丙辰年（南宋绍兴六年，1136 年）开始，至岑忠用书写此镌记的这一年，基本上接近完工。文末，记有书写的时间为“庚申岁十二月”，即南宋绍兴十年（1140 年）12 月，末题“化首岑忠用与裴氏夫妇共镌建”。

石门山十圣观音洞展开图

正壁造像

右壁观音像

800多年前修造的这个洞窟，迄今依旧保存在石门山嶙峋的怪石之间。今天，这个编号为第6号的造像洞窟，依据岑忠用当年的题记被命名为“十圣观音洞”。

十圣观音洞是一个进深达5.79米、高3.02米、宽3.50米的长方形洞窟。在洞窟内外一共雕琢有21身造像。窟内正壁雕刻有西方三圣，居中的为阿弥陀佛像，头有螺髻，身着圆领袈裟，双手在胸前结印，身后有头光和身光。佛头螺髻中有一白毫，内生毫光四道，于顶部交叉后延伸至窟外。佛像结跏趺坐于莲台上，台下有蟠龙。佛像左为双手持莲花的观音，右为双手持如意的大势至，皆头戴高花冠，胸装璎珞，身后有头光和身光，座下雕刻有两头雄狮，正站立举起前双爪托举台座。

在西方三圣两侧的转角处，左右对称刻一供养人像，左为男像，双手持一香炉，即洞窟的“化首”岑忠用；右为女像，老年人模样，双手捧一盒，即岑忠用的夫人裴氏。

龙女像

在窟左右壁，对称雕刻十身观音像，皆亭亭玉立于净坛之上。根据观音手中的持物可知，左壁由内至外为净瓶观音、宝篮手观音、宝经手观音、宝扇手观音、甘露玉观音，右壁由内至外为宝珠手观音、宝镜手观音、莲花手观音、如意轮观音、数珠手观音。

两壁近窟门处，雕刻有善财和龙女。左边的善财，颔下有长髯，双手捧一莲花形盘，盘中有假山，山中放有一粒宝珠。右边的龙女，脸部微显丰腴，双手端一莲花形盘。窟门外两侧雕刻有四位天王，皆身着甲胄，手持兵器，其面目凶恶狰狞，与窟内文静典雅的观音造像恰好形成鲜明的对比。

十圣观音（局部）

这些造像，其身旁大多有题记，并出现岑忠志、岑忠信、侯惟正、杨作安、赵勤典、陈充等人名，他们都是当年洞窟“化首”岑忠用募捐营造洞窟的施主。这些人大多为居住在当时昌州大足内的平民。

十圣观音洞中，分列在两侧壁的十圣观音历来备受世人称道。她们在表现上既遵循统一的原则，又力求个性的美。细细领略这十身观音像，初一乍见，她们恍若一个模子所出，缤纷前来，自成一壁。稍许停留驻足，则各有其姿，或略侧身姿，或亭亭玉立；而手姿变化，则根据手中所持器物各不相同，单手持物的，有贴于腹前，握一宝珠；有下垂身侧，提一宝篮；有举于胸前，拿一宝瓶……双手持物的，则有一手握宝镜，一手轻拈飘拂的镜带；有皆放在身侧，捧拿佛经；有左手扼住右手腕，右手下捏一串数珠……

莲花手观音

十圣观音是宋代大足石刻一个特殊而又较为流行的题材。说它特殊，是因为在大足之外的其他石窟中，极为少见；而在大足的乡间一些宋代的石刻造像点，却较为常见，在大足境内的妙高山、北山、峰山寺、佛安桥、普和寺等石刻造像处都有十圣观音的造像龛窟。而石门山的这窟造像，却以精湛的雕刻技艺极具代表性。因为这些造像，身姿优美，脸部温和细腻，肌肤如雪，恍若吹弹可破，璎珞遍身，不失华丽之美，从而使得十圣观音像在共性之中又富有个性特点，再一回首凝视，既透露出几许宋代女性温婉贤淑的气质，又具有观音慈祥高洁的内涵。难怪在1835年，为修志书实地来此考察的大足人李型廉，在《游石门山记》中说来到窟内，凝望造像叹道：“仪态俶谲（俶 tì；谲 jué。俶谲，美丽奇异），非复人间。”也就是说造像的仪态美丽而奇异，感觉已经不再是身处人间了。近年来的观音造像艺术著作中，也不乏对此洞窟造像艺术的赞赏，如张总在《说不尽的观世音》（上海辞书出版社，2002年）一书中，记述大足妙高山和石门山有著名的十圣观音窟，“这些造像艺术水准很高，特别是石门山，尊尊菩萨体态高雅，持物精妙，是观音造像中极为重要的一笔遗珍。

在大足石刻的众多碑刻文献中，岑忠用和裴氏夫妇的名字仅仅出现在这一处。然而，因为十圣观音洞的营造，这“三代贫苦，实无一贯之本”的宋代民间家庭，从而名载于石刻的史册之中。

中国宋代石窟艺术巅峰之作：北山转轮经藏窟

——南宋绍兴十二年至十六年（1142—1146年）

大足北山转轮经藏窟，历来备受称道，此先列举几例：

1940年，梁思成、刘敦桢等先生一行来到大足，1月18日夜，刘敦桢先生便在他的日记里记下当天考察北山石刻的心得，说道："此外又有一窟，中央雕八角形台，每隅置石柱一，柱中留有榫眼，疑为转轮藏遗迹，乃石窟中别开生面之作品。"（《川、康古建筑调查日记》《刘敦桢全集》，第三卷，中国建筑工业出版社，2007年）

1945年，大足石刻考察团在总结此次考察成果的文章中，写道："北山心神车窟数像，妙丽庄严，除敦煌壁画外，实无其匹。"（吴显齐：《介绍大足石刻及其文化评价》）

1988年，作为《中国美术全集》"四川石窟雕塑"主编的李巳生先生，在他撰写的序言《四川石窟雕塑艺术》中，说道："从洞窟整体设计到形象的细部雕琢，无不经过苦心经营，力求尽善尽美，使观者沉浸于美的享受中。此窟实为我国宋代造像艺术水平最高的一窟。"（中国美

北山第136号转轮经藏窟

术全集编辑委员会:《中国美术全集》“雕塑编 12·四川石窟雕塑”，人民美术出版社，1988 年）

2004 年，黎方银先生在《大足石刻》（三秦出版社）一书中，说道：“宋代造像往往给人一种秀丽清纯之感。在形体上，力求美而不妖，丽而不娇，以玲珑的衣冠显其身份的高贵，以恬静精美的面部刻画反映其内心的宁静，更多地体现出高雅圣洁的阴柔之美。北山佛湾第 136 号转轮经藏窟内的造像，便是这种艺术特质的重要佐证之一。”

2013 年，郭相颖先生在《大足石刻研究与欣赏》（重庆出版社，2013 年）一书中，写到这窟造像“至今宛然如新，体现了较多的足资借鉴的艺术规律，是中国宋代石窟艺术巅峰之作”。

关于这一窟艺术的赞许之语，在大足石刻多年来的著述之中，比比皆是。

转轮经藏窟今被编为第 136 号，这是一个高 4.05 米、宽 4.1 米、深 6.79 米的平顶长方形洞窟。在造像身旁，存留 5 则题记，记载了开凿洞窟的捐资者、祈愿以及营造洞窟的工匠。题记中记载，从南宋绍兴十二年至十六年（1142—1146 年）间，当时知昌州军州事张莘民、昌州录事参军兼司户司法赵彭年以及奉佛弟子王升等捐资开凿此窟造像，在正壁的大势至菩萨题记中，出现有“赖川镌匠胥安”。据考，赖川位于昌州境内，也即营造这窟造像的工匠为来自古昌州的胥安。

站在洞窟外，首先便看见窟内正中石雕的转轮经藏，为八角形，整体上分为藏座、藏身、天宫楼阁三个部分。藏座刻一须弥山，在山上有一蟠龙，伸展自若，作戏珠状。藏身下部为莲

花形台座，莲台侧面雕刻一栏杆，其上攀爬十余位天真烂漫的童子；藏身的上部雕刻有八条龙柱，龙柱之间皆镂空，窟外的光线可通过其间照射到窟后壁的造像。龙柱上方为天宫楼阁，亦为八面，其内雕刻亭、塔等建筑。

转轮经藏为佛教贮藏经书的器物，相传为南北朝僧人傅大士所创造，据说他见妇孺老幼不能诵读经书，就发明“转轮经藏”，轮中收藏经卷或经名，只要转动其轮就等同于诵读经书。转轮经藏多为木结构，此处采取石刻的形式加以表现，颇为独特，所以，之前一些著述还误以为是“心神车”，其后，通过调查研究才知其为佛教的转轮经藏。第136号窟内的转轮经藏，在设计上颇具匠心，尤其是中部八柱分离，有效地解决了窟内光线不足的缺点，乃石窟艺术中别开生面的一处设计。

行走在洞窟之内，仰望正壁和左右两壁的造像，那些极具匠心的石刻作品，让人陶醉不已，流连忘返。

在洞窟的正壁，中间主像为释迦牟尼佛，结跏趺坐于莲台上，双手放于胸前作说法状，身后有圆形火焰身光和头光，头有螺髻，发出两道毫光，在窟顶部绕四圈后射到窟口处。左右两侧分别为观音和大势至，皆头戴花冠，密饰璎珞，观音一手提净瓶，一手拈杨柳枝，大势至双手握莲花斜置于右肩处。正壁左右，还刻有童子和四身供养人像。

文殊菩萨像

普贤菩萨像

在窟左右壁，由内向外分别有三组造像，既单独为一龛，又浑然一体。

第一组左右对称刻文殊和普贤，皆头戴花冠，胸饰璎珞。

文殊是佛教象征智慧的菩萨，左手握一经卷，右手在胸前结印，双目微睁，双唇微闭，似正在深思，神态中又流露出颇富主见的气质，体现出博学多闻的素养，极具学者风范。文殊座下是一青狮，狮口阔张，四脚如柱踏于地上，旁站立一身着甲胄的狮奴，正用力拽住缰绳。普贤菩萨以理德第一著称，右手执一如意放于膝间，结跏趺坐于大象背负的双层仰莲台上，脸颊圆润，目光下视，双唇轻翕，呈现出一种含颦欲笑、具有东方女性美的微妙神态，给人以娴静、端庄、秀雅之感，被誉为“东方维纳斯”。莲座下为一白象，旁站立犷悍剽武的象奴，紧握象绳。两龛像中狮奴和象奴的威猛形象，以反衬手法衬托出文殊、普贤文雅、超凡的气质。

第二组对称刻玉印观音和日月观音，皆头戴花冠，胸饰璎珞。玉印观音手持宝印，面容端庄祥和，飘带舒展自如散于台座上。日月观音结跏趺坐于方形金刚座上，因其手托日、月，俗称为“日月观音”，全身帛带飘逸，极具装饰美感。两身观音造像注重线与面、方与圆、繁与简的和谐统一，繁复的镂刻花卉纹宝冠与简约的丰腴面颊相得益彰，不仅显现出肌肤的细腻柔美，更衬托出观音的端庄温和。

玉印观音像

日月观音像

玉印观音头像

日月观音头像

日月观音头像

日月观音头像

第三组对称刻如意珠观音和数珠手观音。前者面带微笑，双手捧一宝珠；后者轻拈数珠于胸前，密饰璎珞，造像端庄温和，与世人俗称为“媚态观音”的第125号数珠手观音，表现手法殊异。

窟门口站立的两身力士像，瞪目露齿，肌肉暴突，手持棍锏，正守护着这一神圣的艺术殿堂。

这一窟造像，总的来说，是一个以八菩萨为主的题材组合，也是窟内造像的主体。这其中，文殊、普贤、玉印观音、日月观音、数珠手观音等八菩萨的组合形式，在石窟艺术殿堂之中可

数珠手观音像

如意珠观音像

谓是独一无二。

转轮经藏窟内二十余尊造像各具特色，郭相颖先生说道，这窟造像既有雕塑本身应有的体、面关系，又有宋代绘画中熟练运用的“线条”，显示出独特的民族雕塑风格特色。整窟造像力求统一中求变化，既有精巧的细部刻画，又有完美的整体效果。表现手法丰富，“对人体和环境、器物的空间关系，衣饰裙带的折叠扭转、内外穿插，都能较充分地加以体现。既有一定程式，而又没有程式化”（郭相颖：《试谈北山“心神车窟”的艺术成就》《中国美术》1984年，第9期）。

总之，这窟造像雕工精美，有机地融合了婉约温柔之美和崇高庄严之美，从而真实地展现出了宋代的审美理想。所以有专家说，这窟造像是“中国宋代石窟艺术巅峰之作！”（郭相颖：《试谈北山“心神车窟”的艺术成就》）

纯道教造像的舒成岩石刻，是什么道派所为？

——南宋绍兴十三年至二十三年（1143—1153年）

大足一地，巉岩林立、怪石丛生。在中敖镇场口，一座山的半山腰之中，突兀地矗立着一块巨石，舒成岩石刻就雕琢在这一奇特的巨石之上。

南宋时，在这块长14米多、宽10.4米、高6米的巨石上，出现了雕琢的声音。这是一处纯道教的造像点，在这块巨大的岩石的一面，呈“一”字形布列着数龛石刻造像，其中，有5个造像龛的体量较为相似。据造像铭文可知，最早的造像出现在南宋绍兴十三年（1143年）。这一年，工匠伏忠靖从五月初二开工，至五月二十六日完工，在短短20多天的时间里，雕琢完成一个高1.86米、宽2.30米、深1.40米的造像龛，龛内雕刻大小造像12身。这一雕刻的时间，随后便被记录在龛中的题记之中，同时题记中还记录了龛的主尊名称玉皇大帝以及与修造此龛像相关的人员——王谅、王举等人。在这龛像中，正中端坐于靠背椅上的玉皇大帝，面带微笑，

舒成岩玉皇大帝龛

一副帝王装扮，两侧站立手持长柄宝扇的侍女。左右壁转角处，各有一中年女像，脸庞丰腴，左侧女像捧朝笏，右侧女像手捧一宝印。左右壁还各刻一位端坐的尊者。尽管造像龛出现的神祇较少，但是，仍能感受到玉皇大帝作为天上帝王的风范与气度。

绍兴二十二年（1152 年），舒成岩石刻又完成一个造像龛，它高 1.64 米、宽 2.04 米、深 1.56 米，正中端坐在靠背椅上的也是一身帝王像，面容饱满，双手捧圭，在靠椅的左侧，站立一位女侍者，身子略显大半，双手在胸前捧着宝印。龛的左右壁原各有一像，左壁像因坍塌不存，右壁像为一位年轻的官员。此外，在转角处还有供养人像多身。这个造像龛完工后的题记，多达两百字，其中叙述到“舒成岩洞建春台”，可知在南宋时这里便被人称为舒成岩。题记中明确说到这龛造像主尊的身份是东岳大帝；在祈愿中，写道“上期皇祚齐南山久固之年，下冀慈亲等北海之寿”，具有道教文化中追求长生的特点。这一次的雕刻工匠，是伏元俊、伏元信兄弟和吴宗明。在题记的最后，还出现了几位王姓的人物，其中，参加开凿玉皇大帝龛的王谅，在这里被称为“前本县押录”，押录是一县中高级的吏人，可知他曾在当时大足县衙内任过职，这也是舒成岩石刻唯一具有官方身份的人物。另外两位王姓人物，他们名字前的署衔较长，分别为“紫微殿使日直元君同判□院事王举”和“无极上相判丰都使掌岩道士王用之”，他们会是什么样的人物呢？

舒成岩东岳大帝龛

舒成岩淑明皇后龛

绍兴二十三年（1153 年），舒成岩石刻雕琢完成了有纪年的最后一个造像龛。这一年，当时大足县若子乡琼林里的“奉道弟子宋美意”，因为他妻子罗氏七六娘，或许是患有气疾，导致“眼目不安”，于是曾在这里祈愿准备镌造一龛像，后来他的妻子“气疾退散”，于是就开龛造了一个高 1.62 米、宽 2.50 米、深 1.09 米的淑明皇后龛。在龛的正中，为凤冠霞帔的淑明皇后。宋代时，官方加封了五岳的夫人，其中东岳为“淑明”，也就是说这龛造像的主尊为东岳大帝的夫人淑明皇后。所以，这龛造像旁就是东岳大帝龛，这样一组造像在国内石窟中颇为少见。淑明皇后龛内，左壁站立一位执剑的武士，右壁为一位女像正怀抱一婴儿。在题记的最后还写道：“掌岩道士王用之建洞。”

除了上述两个造像龛以外，与之体量相近的造像龛，还有紫微大帝龛和三清龛。它们的造像时代，根据造像风格、题材以及布局等因素来看，应接近上述三龛造像的时间。

紫微大帝龛高 1.93 米、宽 2.80 米、深 1.41 米，正中的龙头靠背椅上端坐一帝王像，头戴高顶方冠，两侧香袋护耳，双手于胸前捧玉圭（残），在其两侧站立多身神将，或三头六臂，或一头四臂，这些手中皆持有法器。紫微大帝，来源于古代星神中的北极星信仰。道经中叙说他协助玉皇大帝执掌天经地纬、日月星辰和四时气候。在国内道教石窟艺术中，紫微大帝造像题材极其少见，可见其珍贵。

舒成岩紫微大帝龛

三清龛高 1.86 米、宽 2.66 米、深 0.93 米，主要雕刻有道教尊神玉清、上清、太清，体现出在宋代时期，三清已经倍受道教中人信奉。

舒成岩这个地名，在不同时代的铭文中也有所变化。在宋代，它也被称为“云从岩”，在明清时期的碑刻中被称为“舒胜岩”。因为该地石刻造像集中在岩石的一半，约在清代，当地人在有造像的岩石一边，修建庙宇加以保护，所以又俗称为“半边庙”。

从前面列举的造像龛可以看出，这里的造像，主要由王谅、王举、王用之等当时的几位王姓人物，于南宋绍兴年间在此营造而成；雕刻的造像题材，都是道教的神祇。由此可以看出，舒成岩石刻是一处纯道教的石刻造像点，这在大足境内较为少见（此外还有南山石刻等几处）。

现在，我们再来看看这些人物的具体情况。

一处是东岳大帝龛内，出现的王举和王用之两位人物的奇特署衔，据查考“紫微殿使日直元君同判□院事”和“无极上相判丰都使”，都不是正式的官方官衔，而是道教中人的道阶，也就是他们的身份为道士，所以在铭文中，王用之还被称为“掌岩道士”。舒成岩石刻内出现的这种称谓，有研究者认为属于历史上道教一个叫天心正法派的道派，对于研究历史上这个道派的影响、信仰等方面，具有重要的参考价值。

另外一处值得注意的人物，是开凿的工匠。玉皇大帝龛为伏忠靖所为，东岳大帝龛为伏元俊、

舒成岩三清龛

伏元信等工匠所为，伏姓工匠的作品，主要见于大足北山佛湾之中，如弥勒下生经变、泗州大圣等佛教造像龛窟，舒成岩是目前发现他们唯一在北山之外开龛造像的石刻点。从题材上来看，伏姓工匠是佛、道题材的造像兼有雕刻，这也对当时佛道融合起到一定程度的作用。

调查研究表明，早期纯道教造像点在国内较为少见。舒成岩石刻造像题材丰富，保存较好，是一处难得的早期道教造像的珍贵遗存。

在大足妙高山，儒释道三教主尊共处一洞窟

——南宋绍兴十四年（1144 年）

在大足西南季家镇内，有一处石刻点名叫妙高山，当地人俗称“佛洞”，相传为南宋潼川府路都钤辖冯楫首开此山，并在山上建有忠诚堂。

妙高山石刻位于妙高山半山腰陡峭的崖壁之上，这里的造像通编为第 8 号，主要是佛教造像，其中有 4 个是洞窟，编号为第 2 号的洞窟尤其受到世人的关注，因为这是中国儒、释、道三教走向融合的一处生动的实例。

第 2 号三教合一造像窟，是一个高 3.14 米、宽 2.80 米、深 3.22 米的洞窟。在窟内的正壁刻主像释迦牟尼，结跏趺坐于莲台上，身着“U”形袈裟，左手抚膝，右手上举胸前（残），座下雕刻有蟠龙和须弥山，左右两侧，分列迦叶和阿难，皆是双手拱揖于胸前。

妙高山三教窟

窟左壁雕刻主像太上老君，头戴莲花形束发冠，双目微睁，颌下有长须，一副充满智慧的老者形象。身着对襟长袍，中有系带，腰间垂长带至足间，左手平摊于胸前，右手上举（残）。左右两侧各有一侍者，左侍者仅雕刻粗坯，可见双手持笏；右侍者基本完工，头戴束发小冠，身着圆袍，服饰仍有雕刻粗坯的痕迹。

右壁主像为孔子，端坐于石台上，背有云形宽屏。头戴冕旒，两侧有香袋护耳，袋下挂有吊饰垂于胸前。身着圆领衣衫，外罩有宽袖大袍，双手持朝笏，中有长带下垂至台阶上。左右两侧，雕刻二侍者，皆头残，着斜领宽袖长袍，双手持笏于胸前。

在洞窟的右壁外上部，有一则镌记，刻“东普攻镌文仲璋侄文珆、文珠。天元甲子记”，从中可知，这个洞窟造像的工匠为文仲璋和两位侄子。那么，题记中的“天元甲子”是何意思呢？据考证，这个“天元”并非古代帝王的年号，而是宋代的人们把宋高宗即位后的第一个甲子年称为“天元”，“是专门为颂扬宋高宗所为的”（陈明光：《大足石刻“天元甲子”纪年考析》《四川文物》1987 年，第 3 期）。由此可知，这窟造像的时间是宋南渡后第一个甲子年，即南宋高宗绍兴十四年（1144 年）。

此窟造像，是我国石窟艺术中三教融合的早期重要作品，体现出儒、释、道三教在宋代已是高度融合，深入民间。

儒、释、道三教融合是一个漫长的历史过程。

儒、释、道三教，是我国传统思想与文化的重要组成部分。从三教之间的发展历程来看，大体上分为由相互争论到彼此融合两个时期：宋代以前为以相互争论为主的时期，自汉代董仲舒确立以儒家学说为治国之道后，后世历代帝王大多以此为准绳。自东汉时，道教的兴起和佛教的传入，为中国思想文化增添了新的血液，促使思想文化发展、变化。不过在这一时期内，三教理论之间还相对来说比较陌生，存在着较大的差异，于是出现了相互之间的争论。在争论之中又不断地融合，相互促进，如佛教对儒家孝道的融合，就是其中最为典型的例子。这一时期，也不乏主张三教合一的人士，艺术作品中也出现有融合的现象，如在唐代的石窟艺术中，就有佛、道主尊并存一龛的做法。

宋代是三教走向融合的一个关键时期，它们相互吸收、借鉴，从而使三教之间得到了极其深入的交流，为三教融合奠定了理论上的基础。而在民众的信仰中，以造像为例，也体现出这种时代的气息，大足三教合一造像即是如此。在大足，三教主尊同处一个地点的造像，最早的是石篆山，在北宋元丰五年至绍圣三年间（1082—1096 年），由庄园主严逊统一规划开龛造像，其中，元丰六年（1083 年）开凿的太上老君龛、元祐三年（1088 年）开凿的文宣王龛和三身佛龛，龛形和造像布局大致相近，时代接近，体现出儒、释、道三教并尊的观念，是国内早期三教融合的重要作品。其后不久，便出现了妙高山石刻三教窟，与石篆山三教主尊各自身处一龛的做法不同的是，这里是三教主尊并刻在同一个洞窟之内，体现出三教更趋于融合的趋势。在这之后的大足石刻，三教融合的造像更多出现在大足一地，南宋时期，还有佛安桥三教窟（乾道八年，

1172年）、石壁寺三教龛（嘉定三年，1210年）等三教融合的造像。其后，明清时期更是在大足乡村中普遍出现，成为此时期造像较多的组合题材。

妙高山石刻除三教窟之外，还有很多精湛的宋代雕刻佳作。

第3号罗汉洞，在窟两壁雕刻十六罗汉，或双手抱膝或双手捧物，其中有手抓虎耳的伏虎罗汉和座下有龙身蜿蜒的降龙罗汉，在罗汉身后雕浮雕娑罗树和菩提树等。窟内还刻有宋代苏东坡的《水陆法像赞》。第4号为西方三圣和十观音像，观音分别手持杨柳枝、宝珠、净瓶、莲苞、宝镜等不同法器，在左右壁转角处有两身飞天，跪蹲于祥云中，身后为长长的云尾和飘拂的璎珞，似若冉冉而下。第5号为水月观音，观音一手撑台座，一手抚膝，单腿垂于座下，两侧分别站立面有长髯的善财、双手捧物的龙女。此外，还有身高约6米的阿弥陀佛像，此像极为特殊的是在唇上有波浪形胡须，相同实例在大足甚为少见。其余还有释迦、观音合龛等造像。

妙高山十圣观音洞（局部）

妙高寺雪景

登临妙高山，颇有“千山竞秀，万卉争妍”的景象。今山上仍存有妙高寺遗迹。据载该寺为明代洪武初年，弃官为僧的关通禅师所建。关通禅师，人称“妙高老祖”，他常一室独处，未尝出户，一日，忽对众僧说道：“吾将逝矣，可置吾桶中覆之，30年始开。”其后僧众依其意而行，届时桶自开，见其端坐如生。明末有张献忠部的二头目，用针刺其指，血犹溢出。明代时，妙高寺有“大和尚三千五，小和尚不胜数”的说法，清代时已渐为荒凉。今仍存有明永乐年建造的“重开山祖关通禅师之塔”等遗迹，每年农历“三月三”左右，附近乡民纷纷到此朝访妙高老祖，此俗流传已久，今仍可见。

800 多年前的千里眼和顺风耳，原来长这个模样！

——南宋绍兴十七年（1147 年）

千里眼和顺风耳，是世人家喻户晓的两位神将。

说起这两位人物，人们立即会想起《西游记》第一回中，孙悟空从岩石中蹦出，震惊了上天，玉皇大帝随即派千里眼和顺风耳两位神将开南天门观看，果然“看得真，听得明”，须臾便回报结果。

不过，这是明代小说家吴承恩（约 1500—约 1582 年）的文字描述，那么，他们究竟长什么模样？

在大足石门山石刻中，就保存有千里眼和顺风耳的雕像，而且他们的时间比吴承恩小说《西游记》的时间早约 400 年。

石门山玉皇大帝龛

千里眼

顺风耳

这两位神将，雕刻在石门山玉皇大帝造像龛中，正中间雕刻的是玉皇大帝像。他端坐在龙头靠椅上，两位侍者举着日月宝扇站立左右。在外侧，站立两尊神将，他们就是千里眼和顺风耳，身高都是 1.82 米。

左边的千里眼，清癯的面容上，嵌入一对若铜铃般的眼睛，脑后有两根飘带，迎风而舞，身上穿着甲衣，腰间系有勒带，右手平举于胸前，拿着一个圆柱体的器物，左手紧紧地反握着一柄双尖长刃矛。

右边的顺风耳，头部有所残坏，从其咧嘴的动作来看，似乎正用力作倾听状，上身仅有一根披带，右手在身前紧握一器物，前面类似木棒，下端的绳带从颈后绕过，又搭于身前。

两位神将穿着极少，下身都着短兜，结实的肌肉、暴突的青筋得到充分显露，加之双腿间裹着的护腿甲，以及手握的兵器等，显示出他们作为玉皇大帝手下得力神将的身份。

该龛中的千里眼和顺风耳神将，尽管在古代说法已久，但是在造像中殊为少见。对于千里眼的说法，在《北史·杨逸传》中记载：“逸为政爱人，尤憎豪、猾，广设耳目，善恶毕闻。其兵出使下邑，皆自持粮。人或为设食者，虽在暗室，终不敢进，咸言杨使君有千里眼，那可欺之。在州政绩尤美。”可见在北朝时期，民间就有千里眼的俗称。

千里眼和顺风耳的雕刻艺术极具个性。匠师为了表现他们的特征，在生理、持物等方面做了仔细的推敲，如千里眼的眼睛就与众不同。

令人疑惑的是，他们手上握着的器物是什么呢？顺风耳手中长长的器物，有专家称雕刻的是一条蛇，也有人称它是一种“听筒”。若顺风耳手中持蛇，这不由得让人想起《列子·汤问》中“愚公移山”的故事，其中有“操蛇之神闻之”，系听闻愚公之事后，便禀报上帝，其后帝命二神将分移二山。此处操蛇之神具有某种超凡的神力，或许此神力来源于蛇，或为后世顺风耳持蛇的滥觞。不管如何，这种器物肯定具有辅助他听闻千里之外的功能。还有，千里眼右手握的圆柱体器物，会不会是古代的“望远镜”呢？

猜测在继续，但可以肯定的是，雕刻这些器物时，匠师是根据当时生活和自己想象创作的。

营造这龛造像的原因和年代，在龛内保存的题记有所记载：系杨伯高为他的父亲杨文忻所造，时间为南宋绍兴十七年（1147 年）。在龛内，还刻有杨文忻的“真容”像。

杨文忻“真容”像

宋代建筑与雕刻艺术的佳作：大足多宝塔

——南宋绍兴十七年至二十五年（1147—1155年）

1940年1月18日，在大足城区附近的多宝塔前，四位满怀着激情的学者，正忙碌地在塔上调查记录着，其中一位戴着眼镜、身材较为瘦小，此时或许他一直在头脑里想着一个问题，这多宝塔似乎有一种“似曾相识燕归来”之感！站在可以俯视整个大足城区的塔上，或许他忽然惊奇地发现，这座塔的造型在河北省定县境内的开元寺就曾见过！

他，就是我国著名的古建筑学家——梁思成先生！与他一道的还有刘敦桢等先生，他们都是我国古建筑调查研究的学术团体——营造学社的成员。

多宝塔

多宝塔，亦称“白塔”“北塔”，与北山佛湾摩崖造像遥相对应，塔高踞大足北山山巅之上，高达 33 米，建于岩石之上，形若腰鼓，为八角形密檐楼阁式砖塔，高约 33.33 米，外观现可辨十二级，内作八层，可循塔心内梯道逐级而上。

多宝塔自古便是大足标志性古建筑之一。登塔而上，但见群峦耸翠，悬岩凌空，早在明清时期，此地便以“白塔悬岩”一名，名列大足八景。所以，历来造访者也不绝如缕，如清代嘉庆二十四年（1819 年）署理大足知县的张澍，在《登多宝塔记》文中不由说道：“回视浮图顶，如在空虚际也。”

多宝塔一名的来历，与塔下雕刻的两身佛像有关。今塔下存有二佛并坐像，二佛背依山而坐，坐身高 9.64 米、肩宽 3.98 米，左为多宝佛，左手捧一钵，右为释迦佛，两佛皆头刻螺髻，面容端庄祥和。《妙法莲华经·见宝塔品第十一》叙有佛名多宝，因释迦佛说《法华经》，从地涌出宝塔，塔中坐多宝佛，为其证明。该二佛并坐即表现此品故事。

第 50 号冯楫像

关于多宝塔的修建年代、经过以及塔的级数等，都曾留下一些疑惑。让我们先来了解一下流传在大足的一个悠久的传说。其实，在大足民间，多宝塔也称为报恩塔，这与冯楫修塔的故事有关。

据说，宋人冯楫，幼年丧父，家贫如洗，母亲只好把他寄养于邻家，忍痛出走谋生，从此杳无音讯。冯楫 17 岁时中举，官至敷文阁直学士，左中奉大夫。因想念生母，曾多次派人打听其下落，都失望而归。

时光飞逝，转眼冯楫已年满 50。做寿之日，热闹非凡，宾朋满座。群丐闻之，也聚集门外。其中有一位双目失明、白发皓首的老妇触景生情，叹息道："吾儿生同今日，年亦五旬。若在，老身不至流落至此。"此话恰好被管家听见，认为老妇侮辱了主人，于是命人要将她赶走。

此时冯楫正送客出门，见其争执，问明了缘由，触动了心事，便把老妇留了下来问道："汝子所生年月日能记得否？"老妇一一作答，果然与冯楫生日相同。为了打消疑虑，冯楫继续问道："你儿可有何特征？"老妇答道："吾儿乃孪生，生下时两背相连，以刀割之，一死一存，存者背上有长长刀痕为记。"话音未落，冯楫扑地拜叩，放声大哭。原来站在他面前的瞎眼乞丐正是他的生身之母。

此后，冯楫将母亲接入家中，尽心伺候，并请名医为母亲治疗眼疾。不久，母亲双目复明。他很是高兴，为报恩，便出钱修了这座报恩塔其中的第六层。

那么，多宝塔究竟是不是宋人冯楫所修建的呢？

早在之前张澍登塔时，大足就有该塔为唐代所建的说法，其后，经过多次调查，在塔内发现诸多的造像记，主要在南宋绍兴十七年至二十五年（1147—1155 年）间，因此现存的多宝塔应建于此时期。

这些调查还发现，参与该塔的人员颇多，其中有可能是募化资金组织者的"化首"任亮，具体负责修建的"砌塔道人"邢信道，参与工匠有伏小六、伏小八以及赵瓦等。捐资者中，塔的第六级，为当时担任潼川府路兵马都钤辖、泸南沿边安抚使、知泸州军州事提举学事等职务的冯楫所捐资营造，塔内还雕刻有冯楫像（第 50 号），头戴展脚幞头，身着圆领宽袖朝服，胸围玉带，双手在腹前持数珠。除此之外，还有当时居住在大足的何正言、刘升等信众，其中，当时大足一位叫刘杰的铁匠也捐献出重达 15 千克的铁索，表明在宋代大足的铁器生产已经颇有规模，这对于了解大足五金的发展具有重要价值。

这些调查也发现，塔内外刻有题材多样的造像。这其中，善财童子五十三参的故事颇引人注目，该故事出自《大方广佛华严经·入法界品》，叙述善财童子在娑罗林中听闻文殊说法，按其教导次第南行，为获菩提而孜孜不倦参五十三善知识。此外，塔内还有释迦牟尼示寂图、华严三圣、摩利支天、龙树菩萨等丰富的造像，雕刻技艺可与同时期的北山佛湾相媲美。

该塔的建筑艺术颇受称道。1940 年，梁思成、刘敦桢等学者调查之后，在他们的著作中多次提及该塔。如梁思成的《图像中国建筑史》（百花文艺出版社，2001 年）一书中，叙述了

第 36 号龛右壁观音像

处于“繁丽时期”的中国古塔，其中河北省定县境内著名的“料敌塔”，建于公元 1055 年，被梁先生称为“是这时期华北广大地区最典型的塔型”（《中国的佛教建筑》，《建筑文萃》，三联书店，2006 年）。这种塔型的影响很大，《图像中国建筑史》一书称“这类塔在西南地区也可见到，如四川省大足报恩寺白塔（约 1155 年）和泸县的塔等”。从时间上来看，西南地区的这种塔型皆出现在南宋初期，距离河北省定县的“料敌塔”有百年左右，可见大足以及泸州的此种塔型来自中原地区，所以，梁思成先生或许对此塔有“似曾相识燕归来”之感。在梁思成先生的《图像中国建筑史》以及《中国建筑史》等著作中，有一《历代佛塔型类演变图》，用图例的方式，叙述出中国佛塔建筑的演变情况，其中，在图例中列举“无柱式”塔类型时，就列举了“定县开元寺”的料敌塔、大足白塔等等。可见，在梁思成先生眼中，大足多宝塔是我国优秀的建筑艺术代表作品之一。

历 800 余年，多宝塔仍屹立在大足北山之巅，其内丰富的造像仍静静诉说着宋人的故事。这巧夺天工的建筑与雕刻融合的艺术杰作，彰显出古代匠师独特的技艺！

发现：一位铁匠，800 多年一直深藏在大足多宝塔中

——南宋绍兴二十三年（1153 年）

矗立在大足城北龙岗山上的多宝塔，于南宋绍兴十七年至二十五年（1147—1155 年）间建成，高 33 米，12 层，塔内外皆有石刻造像，编号多达 130 余号。800 余年来，多宝塔那些历史的迷雾，一直萦绕在世人孜孜不倦的眼神之中，今天，我们就来了解其中大足现存最早的铁匠造像。

多宝塔内雕琢有颇多的石刻造像，很多题材一直成为研究者关注的对象。其中，塔内第五层的第 60 号龛，是在高 1.12 米、宽 0.59 米、深 0.90 米的空间内，雕刻有一佛二菩萨像，正中

多宝塔第 60 号龙树菩萨像

是阿弥陀佛，左边是龙树菩萨，右边是地藏菩萨。

其中的龙树菩萨，是一位比丘形象，双耳戴环，坐在金刚座上。他身后刻有一树，上面有一条龙，正蜷伏在树梢。在龙头的下面，站立一位男像，正面对龙树菩萨拱揖。在菩萨的身后，还有一位童子，双手执一幡。

在这处造像的上方，刻有一则造像记，叙述造这处像的来由。造像记中说道：在南宋绍兴二十三年（1153 年），当时住在昌州大足县玉溪井的铁匠刘杰和他的妻子杨氏，自从营造多宝塔以来，就开始协助修建，其中包括施舍一条重达 15 千克的铁索。在修建这龛龙树菩萨像时，还募化云水镇一位作户的铁索三条。题记中还表达了夫妻俩的愿望，其中有期望他母亲“眼目光明、福寿双庆”。

在大足石刻中，出资造像的人，往往都把自己的形象刻在龛中，他们被称为供养人。从这则题记可知，站立在龙树菩萨前面的男像，就是刘杰。从造像记来看，他应该是一位活动在大足的铁匠。

从多宝塔第 60 号龛的其他造像记可知，这龛造像的雕刻匠师是“伏小八”，伏氏家族是宋代大足石刻最为著名的两大家族之一，现存有大量精美的造像作品。从多宝塔这处就可领略一斑，如龙树菩萨顶部，龙穿行于幡、树、云之间，设计甚为巧妙，富有想象力。

在大足，龙水小五金是最具特色和传统优势的区域产业，曾有“北有王麻子，南有张小泉，西南有龙水小五金”之说，因而大足又被称为“五金之乡”。2005 年 10 月，国家日用五金生产力促进中心授予大足“中国西部五金之都”的称号。

龙水小五金的历史渊源甚早，至少可以追溯到晚唐，与大足石刻的历程息息相关。唐代末年，昌州刺史充昌普渝合四州都指挥、静南军节度使韦君靖，在大足龙岗山依山建寨，并雕造石刻。

龙树菩萨造像记

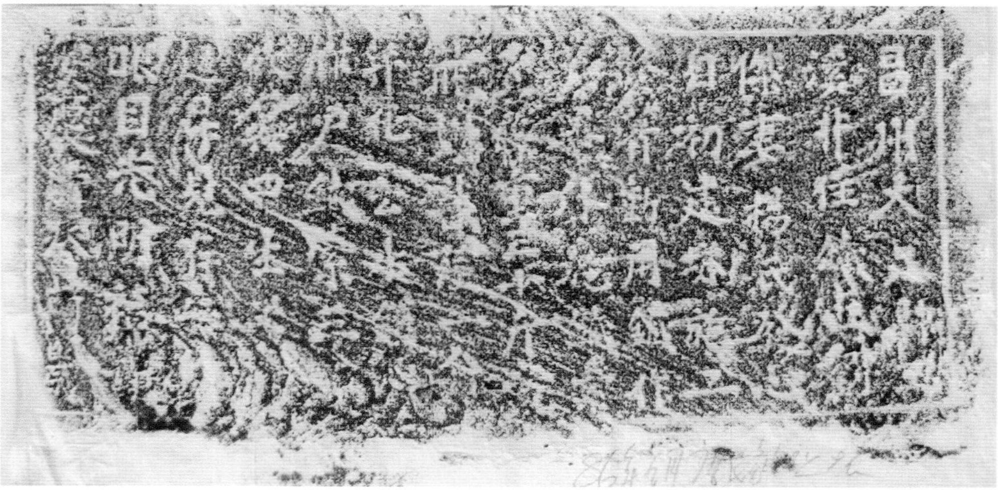

韦君靖部队称为“义军”，兵器粮草全靠自筹，由此一来，打仗的兵器和修筑城寨、刻石造像的工具，便自然催生出了小五金。不过，在此时期的造像中，未出现铁匠身份的造像。

宋代，是大足石刻走向鼎盛的时期，尤其是宝顶山的雕琢，将石窟艺术推向一个新的巅峰。大量的石刻造像，也极大地推动了五金的发展。从多宝塔第 60 号造像铭文中可知，出现了两位与铁器生产有关的人物，而且还有“作户”称呼的出现，显示出当时铁器生产具有一定规模，很可能两位人物还是当时较为有名的铁匠。

铁匠刘杰像

而在宋代大足众多的造像中，铁匠形象的出现极为少见，多宝塔现存的这身造像，是目前所知最早的关于大足铁匠形象的造像。

这位铁匠在捐资修建这龛造像的时候，祈求能实现他年老的母亲“眼目光明”等愿望，那么，这与龙树菩萨有何关联呢?

龙树是古代印度著名的佛教哲学家，关于他的生平，有各种不同的传说，他一生著述甚多，有“千部论主”之称，对中国佛教众多宗派都产生了重要的影响。

龙树与治疗眼病的关系由来已久，这得从唐代出现的一部医书说起。

唐代时，我国出现了一部名为《龙树眼目论》的药书，这是我国论眼病的第一部专著，唐代著名诗人白居易、元稹等，在眼目有疾时，就好读龙树的此书，如白居易诗中写道“案上漫铺龙树论，合中虚贮决明丸”，而元稹在《春月》一诗中，说自己错把琉璃的光彩，当作芭蕉黄（“视身琉璃莹，谕指芭蕉黄。复有比丘溢，早传龙树方”）。可知其有眼疾。不过，此书今天已不存。宋代，还有龙树与眼疾相关的史料。《图画见闻志》中记载，宋仁宗得知齐国献穆大长公主（宋太宗之女）眼睛失明，于是亲自画龙树菩萨，并刻版印施。

那么，在多宝塔第 60 号龛内出现龙树菩萨像，应与唐宋时期盛传的《龙树眼目论》一书中的药方能治疗眼疾有一定关系。不过，从刘杰为其母捐物造像的做法可知，这位铁匠，还是一位尊重父母的孝子。

由此来看，大足石刻造像的供养人及其题记，还为地方历史的研究提供了重要的参考价值，如多宝塔刘杰的造像与题记，就为大足“小五金”的发展历史提供了一处珍贵的史料。

北山佛湾南宋时期光辉作品之一：第 125 号数珠手观音

——约南宋初期

在大足北山石刻长廊之中，有这样一尊造像，它曾经长期淹没在泥土之中。1933 年的某一天，人们小心翼翼地从造像密布的北山佛湾造像群中，轻轻翻开散发着清香的泥土，忽然，一尊完好的造像龛出现在世人眼前——

这龛造像的主尊是观音，她身高 1.08 米，赤足站立在莲花台上，身后有大椭圆形背光，头戴花冠，胸饰瓔珞，头微微倾侧，面部轻抿嘴唇，一副似笑非笑的模样。左手轻扼右手腕，右手下垂轻拈珠串。身材窈窕，亭亭玉立，斜侧身姿，飘带飞舞。在龛左右上部有二飞天，手托供盘浮于天际，下部两侧各有一侍者像。

随后，这龛观音因其容貌、身姿俏丽妩媚，极具女性化特色，被世人俗称为“媚态观音”。之后的调查人员，根据观音手中持的器物为数珠，定名为“数珠手观音”，并将此龛编号为第 125 号。

自此之后，驻足于此龛前的游客、学者，不绝如缕，对于其艺术鉴赏的话语也随后见之于各种著作之中：

“神态把握在欲行还在，若即若离之间，故有媚态观音的美称。”（金维诺、罗世平：《中国宗教美术史》）

“此龛形制虽小，雕饰朴实无华，但因主像观音菩萨雕造得杰出，所以便成了北山佛湾南宋时期光辉作品之一。”（陈少丰：《中国雕塑史》）

北山这龛观音造像的出现，与数珠手观音的信奉密切相关。顾名思义，数珠手观音即手中持有数珠的观音。因此，手持数珠也就是数珠手观音最具标志性的图像特点。关于数珠，有学者说：“在汉化佛教中，隋唐之际，随着净土宗和密宗的兴盛，数珠开始大流行，从此成为汉化佛教七众的重要随身具，并成为念佛信佛的重要标志。”（白化文：《汉化佛教法器服饰略说》，商务印书馆，1998 年）在宋代大足石刻的造像中，就可以见到官员平民手持数珠的造像。

佛教密宗多部经典中，就记载了持念数珠的作用，这其中还包括千手观音经典，如在《千手千眼观世音菩萨广大圆满无碍大悲心陀罗尼经》中，有“若为十方诸佛速来授手者，当于数珠手”的说法，此经译本早在唐代就已传入中土。这种形象，在唐宋时期千手观音像中，基本上能找到数珠手的踪影，只不过，它仅仅是千手观音的一只手而已。

数珠手观音，少见于佛教和民间常提及的观音行列之中，如密教的七观音（圣观音、十一面观音、千手观音、不空绢索观音、准提观音和马头观音、如意轮观音）中，以及融合佛教经典和民间信仰的三十三观音之中，皆未有数珠手观音。对此，一些专家对数珠手观音的来历，提出了自己的观点。业露华先生认为数珠手观音“是中国的民间艺术家依据佛教密宗经典创作的观世音菩萨像之一”（业露华撰文，张德宝、徐有武绘图：《中国佛教图像解说》，上海书店，1995 年）。李淞先生在《论中国菩萨图像》中说观音图像中“另一些与经典若即若离、似有似无的图像，大多是中国艺匠和民间信徒共同创造的，在题材的选择、图像的规定等方面都具有中国民间的特色”。这类观音像可称为民俗观音图像，如水月观音、送子观音、马郎妇观音、杨枝观音、数珠手观音、宝印观音等（李淞：《论中国菩萨图像》，《长安艺术与宗教文明》，中华书局，2002 年）。他们所论述的有一个共同点：那就是强调了数珠手观音图像产生的民间性。

北山第 125 号数珠手观音

早期的数珠手观音造像，据调查发现，主要集中在巴蜀地区的大足、安岳一带。在大足石刻中，目前以雕琢于五代时期的北山第 277 号观音地藏龛为最早。这龛造像，左侧为手持锡杖的地藏，右侧的观音头搭披风，左手扼右手腕，右手持数珠，这一图像的特点，成为其后大足数珠手观音标准的图像模式。

其后，数珠手观音较多地出现在观音群像之中，较早的作品见于北山第 180 号十三观音变相窟内，其雕刻时间约在北宋政和六年至宣和四年（1116—1122 年）。在窟中正壁为水月观音坐式佛像（或说为观音），两旁下层各有观音 6 身，每身观音手中皆有持物，其中，右侧第 5 身为数珠手观音，头戴花冠，冠外有披风，双手于胸前拈数珠，头后升起并蒂荷花二朵，上有菩萨坐像。

北山第 180 号数珠手观音

这种在观音组像中出现数珠手观音，还在南宋初期大足的其他一些造像龛窟中较多出现，特别是在十位观音群像组合之中，如石门山第 6 号西方三圣和十圣观音洞，妙高山第 4 号西方三圣和十圣观音洞，以及峰山寺、普和寺、佛安桥等观音组像的龛窟之中，都有数珠手观音的雕琢。

在有数珠手观音组合的造像龛窟中，北山第 136 号转轮经藏窟内的数珠手观音，不仅保存甚为完好，而且造像组合形式也具有自身特点。这窟内的数珠手观音高 1.91 米，头戴花冠，右手于腹部前轻拈数珠，数珠呈“8”字形，左手扼右腕，赤足立于莲台上。这尊造像的题记显示，是当时大足的信众王升夫妇，于南宋绍兴十六年（1146 年）为其父母而营造，希望二亲“寿算增延”，也希望自身“公私清吉”。而在这个洞窟之中，数珠手观音是与文殊、普贤、日月观音、玉印观音等一道出现，此种组合在石窟造像题材中极为独特。

受观音组像的影响，大足石刻中出现了一些其他地方少见的单尊观音造像龛，这其中，就有数珠手观音，北山第 125 号龛单独以数珠手观音作为主尊，就体现出该观音的形象在当时较为流行的特点。当然，大足石刻这一独特的艺术氛围，其实也与宋代巴蜀地区石窟艺术更趋于世俗化有一定关系。在经过五代前、后蜀的积累，到了宋代，受到世俗化的影响，巴蜀地区在艺术的表现上更加自由，更加趋向于民间，尤其是作为对世俗民众影响很大的观音题材，类似北山第 125 号数珠手观音，就是在这样一种氛围中得以出现。

与石刻中其他数珠手观音相比较，第 125 号以其面露似笑非笑的淡然之气，微微斜侧的身姿，给世人留下深刻印象，在这里，我在众多欣赏的文字中引用一处，让我们再回首赏析一下这龛大足石刻经典之作：

当观者发现这个菩萨时，不能不被它所吸引，这是一尊具有高度艺术性的典型作品，以至放在这许多龛洞中间显得那么突出，它两手斜搭在胸前，上身微微向后侧转，头部有些前倾，眼稍嘴角流露着微妙的喜悦，全身姿态在安静中显出了轻微的动势，肌体柔和，质感很强，特别是那临风飞舞的衣带，更加强了优美、舒适的气氛。（温廷宽：《大足佛教摩崖造像的艺术价值及其现况》，《大足石刻研究》，四川省社会科学院出版社，1985 年）

北山摩利支天像：集天女柔美与战神凶猛于一身

——约南宋初期

在大足北山佛湾众多造像中，有这样一龛造像，她有着天女般的容颜，但是却手执多种兵器，在其左右两侧站立八位面目狰狞凶猛、手持诸般兵器的神像，有学者这样说道：这龛造像的主尊“结合了天女柔美与战神凶猛的形貌于一身，造型相当特殊”（陈玉女：《大足石刻北山摩利支天像的雕琢时局》，《2005年重庆大足石刻国际学术研讨会论文集》，文物出版社，2007年）。

北山第130号摩利支天龛

这龛造像，就是编号为第 130 号的摩利支天龛。

在高 2.4 米、宽 1.12 米、深 1.42 米的第 130 号龛中，主尊雕刻的是摩利支天站像，头上为三层的宝塔，每层内有一身佛像，塔两侧各伸出一树枝，其上开有花朵。身有三头八臂，其中正面头像容貌清丽，双唇微张似正欲笑，显得美丽而又高贵。八只手臂多数持有各种各样的兵器，其中分别是：最上面左手举一风火轮，右手握剑；中间两侧的手，左手持弓，右手捏箭；下方两手，左手持盾，右手柱戟；居中身前两手，似结印于胸前。在下方，为两辆像正在用力拉着摩利支天的战车。在像两侧，为八位雕刻精湛、气势汹汹的金刚神，其头、臂数量不等，或三头六臂，或单头四臂，手中持有众多的器物，尤以兵器为多，如斧、刀、矛、锏、剑等。整龛造像兵器众多，充满了浓郁的战争气氛，不过，作为主像的摩利支天面容却是端庄、高雅，有着天女一般的容颜！

这龛摩利支天造像，因为表现的形象较为独特，在定名上最初还不甚了解，在 20 世纪 80 年代的著述图录中，大多称其为光目天女。随后一些研究者提出了疑问，如日本学者武者小路穰就在《光目天女的尊名》（《大足石刻研究文集》，第 2 辑，重庆出版社，1997 年）中，对此提出了疑问，并进一步怀疑这尊造像的身份为摩利支天。之后，这一说法得到更多学者的论证与阐释，并得到了认可，从而将主尊的身份定名为摩利支天。

左壁造像

右壁造像

“摩利支”在梵文中是“光”的意思，据说摩利支天有极好的隐身法，无人能捉住她，而她用此法来解救百姓的疾苦，信众念其名号能速离灾厄，诵其咒语能够隐身免受诸难。其形象随着佛教传入中国，演变为三头八臂，头上顶有宝塔，身边围绕有一群猪，这些特征也在北山佛湾中有具体的表现。

为什么会在大足一地出现摩利支天的造像呢？这一问题，陈玉女在论文《大足石刻北山摩利支天像的雕琢时局》中，广征博引史料进行了探讨。摩利支天的信仰早在南朝之际就传入中土，此时期的名家陆探微、张僧繇就绘过摩利支天菩萨像。唐代，著名书法家颜真卿还书写过有关摩利支天的经典。宋代，天息灾翻译的摩利支天经出现，“提供了相当多元的摩利支法，不仅增大摩利支天的法力，也使得摩利支天女形象产生较多的变化。这样的发展趋向，正好符合多事之秋的两宋局势，特别是南宋时期，因偏安的脆弱政权及中原战乱的纷起，使得具有隐身术、能避水火刀兵等一切灾难的摩利支天菩萨获得更多信众的依赖”，在这样的背景之下，大足一地出现了摩利支天的雕像。

从大足北山的这身摩利支天造像，不难看出她与战争的关系——复杂的兵器、威武的金刚、古老的战车等等，的确，她与战争有着很密切的联系。有一本名为《重编诸天传》的书籍称她是“救兵难主”，大概是说她能够挽回战争的局面，正因如此，便受到世人的尊奉。如近900多年前的南宋初年，当时的隆祐太后孟氏，就非常崇奉摩利支天，在当时的都城临安（今浙江杭州）西湖一带的天竺寺内，设立摩利支天的神像，并且还在石头上刻下摩利支天的灵验事迹，由于太后地位的显贵，其对于传播摩利支天信仰具有重要作用。其崇奉摩利支天的原因，或许就与北宋灭亡的“靖康之乱”，以及之后形成的金、宋对立形势有密切关系。

在一些文献中，不乏奉持摩利支天，从而得以避免战祸之类的记载。除护佑战争取得胜利之外，摩利支天还有护佑行人旅途平安等职能。北宋时，身在黄州的苏轼，其侄子苏安节向他乞写《摩利支天经》带回四川，自然，在苏安节看来，奉持摩利支天可以护佑他一路舟车平安回到四川（苏轼：《跋所书摩利支经后》，《东坡题跋》，上海远东出版社，1996年）。

北山的这龛摩利支天的造像，没有发现造像题记，其年代一直成谜。大多数专家认为是南宋绍兴年间这一段时间，其理由大致有二：一个是所处的位置位于南宋时期所开的一系列窟中，如毗邻南宋绍兴年间的转轮经藏窟；另外一个原因是在北山佛湾对面的多宝塔内，也有一龛摩利支天的造像，二者的时间应较为接近。

在与北山佛湾遥相对应的多宝塔内，第三层内有一龛像，也为摩利支天像，相对于北山佛湾第130号而言，其形制较小，在一个高1.18米、宽0.66米、深0.92米的窟中，主尊摩利支天头戴高花冠，胸饰璎珞，飘带拂身，站立在莲台之上。为三头六臂，手中持有风火轮、弓、盾、剑、矛等兵器。在左右两侧下方，站立有11位男女供养人像。在摩利支天和供养人下方，为一战车，车前左右各有一像，正肩负挽辕奋力前行。在塔的第三级内，有南宋绍兴二十一年（1151年）造西方三圣像的题记，可知这处摩利支天像的建造当在此年左右。

多宝塔第 33 号摩利支天像

相对于多宝塔这窟摩利支天像来说，北山第 130 号摩利支天龛在体量上更大，内容上更为丰富。因此，一些论著中多倾向于多宝塔摩利支天像出现在前，其后不久才有北山第 130 号摩利支天龛的雕琢。

在这之后，大足石刻未见有摩利支天像的雕琢，可见这两处摩利支天像尤为难得，它们不但真实地保留了古人对战争的认识，同时也折射出他们对和平、安宁生活的向往与祈盼。

静观水中月：从北山第 113、133 号水月观音说起

——约南宋初期

约公元 8 世纪后期至 9 世纪前期，在唐朝都城长安的胜光寺内，一位叫周昉的画家，静静地面对一堵墙壁，他或许反复来回踱步，思虑着即将要创作的这身观音像的表现形式。长安城寺院内大量的观音画像，不停地在他脑海里飘浮、闪现，这次，他有着一种别样的艺术创作倾向。突然，他执起笔在墙壁上挥毫作起画来。很快，壁上便出现了一幅容貌庄严的水月观音像，而与长安城其他画像不同的是，观音一改端坐的姿态，为随意自在的坐姿，如变为一腿上跷，搁在另一腿之上，双手抱着跷足的膝盖。

很快，各大寺院竞相模仿这一观音的表现形式，并美其名为“周家样”。这一故事，也随后被记载在相关的绘画史料之中，如唐代张彦远的《历代名画记》在叙述周昉的文中，就有“妙创水月之体”的记载。在这之后的宋代黄休复撰写的《益州名画录》中，也记载了范琼、左全等绘画名家，在成都的寺院描绘水月观音的情形。

北山第 133 号水月观音窟

可惜的是：长安、成都的那些寺院中，都没有把水月观音绘画保存下来。幸运的是在风沙茫茫的敦煌藏经洞中，在巴蜀石窟的绵阳圣水寺、安岳毗卢洞、江津石佛寺以及大足石刻中，保存了大量的水月观音作品。学术界根据这些早期作品的遗存，推断出了最初周昉绘水月观音时所创作的具体身姿的形象，即有可能就是跷左腿于右腿之上，双手抱左膝，背景中出现有圆月、竹子、莲花、山石流水。

唐宋时期，在大足一地从事雕琢的工匠们，对水月观音题材可谓是极为娴熟。粗略统计，在大足石刻中，就保存有 20 余尊水月观音的造像。最早的造像起源于晚唐时期的北山营盘坡，其身姿为跷腿抱膝、随意自在，极可能接近最初周昉所妙创的水月观音身姿。

其后，在五代时期的北山石刻中出现有 5 龛，如第 70、192、200、210、213 号。至宋代，更是较多出现，且精品迭出，主要有北山佛湾的第 113、128、133、135、165 号，多宝塔的第 4、15、58 号等，以及妙高山、石门山、佛安桥等石刻造像点中。明清时期，水月观音在大足一地仍有延续。

在这些水月观音的造像中，北山佛湾第 133 号水月观音窟的形制相对较大，雕刻内容显得更丰富一些。它雕刻在高 3.18 米、宽 2.25 米、深 3.11 米的窟内，正壁坐水月观音，头戴花冠，脑后有飘带，胸前密饰璎珞，身上绕有披帛，左腿盘于台座上，右腿赤足呈“二郎腿”形式放在台座上，下方台座为金刚座式样。脑后有圆形头光，在身后刻连绵起伏的群山，山形错落有致，其间放有一净瓶。观音面含微笑，身姿略倾，其异于其他观音的坐式，加之下垂的冠带与环绕手肩的披帛，轻盈自然，似有微风轻拂一般，给人以姿态潇洒、气度不凡的感觉。

第 133 号窟左壁神将

第 133 号窟右壁神将

观音左右侧对称站立善财和龙女。善财为老者像，颧骨凸显，双手捧一盘，盘内有假山。龙女面庞丰腴，双手亦捧一盘。

在洞窟的左右两侧壁，各自站立着两身金刚神将，他们大多身高在 1.8 米左右，其中内侧像为单首四臂，外侧像为三头六臂，皆是身着甲胄，飘带绕身，相貌威严凛然。其中，左边侧壁靠内的金刚像，铠甲的甲片为人字形，手中持有斧头、鞭、剑；靠外的金刚，铠甲甲片为井字形，上面双手捧一风火轮，轮心之中有站立一身小佛像，轮上冉冉升起五朵火焰，胸前双手持一长矛，另外两手分别做抓带状和捧宝铎。

右边侧壁的两身金刚像，靠内的一身铠甲甲片呈菊花形，左上手举一宝钵，钵内伸出一龙，右上手挥舞宝刀，左下手执钺，右下手握绢索放于胸前。靠外的金刚像，铠甲甲片为田字形，上举的左右两手分别握宝镜、绢索，中间双手握长戟，下方双手分别握绢索、拄剑于地。

这些气势威猛的金刚像，与正壁观音像形成鲜明的对比。

与北山第 133 号的规模较大相比，形制较小、雕刻内容较少的北山第 113 号水月观音，不失为一龛精品。

第 113 号为穹拱形造像龛，在龛的门楣及两侧门柱之上，匠师细心地刻有嶙峋不平的山石和粼粼的水波纹，寓意着水月观音静坐水旁而观水中月。正壁的观音身姿微侧，面露微笑，仪容清丽俊美，浑身饰满瓔珞和飘带，神态温婉自如，风度潇洒，似乎是一位与世隔绝的仙女。故有学者说道：“造像虚实相济，意境悠远，生动别致，不失为艺术佳品。”（黎方银：《大足石刻》，三秦出版社，2010 年）

北山第 113 号水月观音

北山第 113、133 号水月观音，经调查发现都没有捐资造像的具体年代，研究者根据北山石刻营造的历史、造像风格等因素，大多认为是南宋初期所开凿。不过，在宋代 10 余处水月观音造像龛中，也有一些留下造像的具体时间，比如石门山第 4 号水月观音龛，为北宋绍圣元年（1094 年）所雕琢。又如多宝塔内的第 58 号，为当时昌州石膏滩的信众李小大全家捐资，于南宋绍兴二十五年（1155 年）刊刻。

从大足这些保存较多的水月观音造像可以看出，在宋代时期，大足人对此种观音颇为喜好、崇尚，而且还影响到佛像的雕琢，在南宋中后期的宝顶山小佛湾石刻中，有一处千佛壁，雕刻的是众多的佛像，与多数佛像结跏趺坐的身姿不同的是有几身佛像斜身而坐、单腿翘立。可见其游戏似的艺术造型，深受当时人们的喜好。

唐代画家周昉的身影，早已经凝固在古代绘画史之间。而在大足，那些深藏在石壁之间的水月观音造像，却一直以独特的身姿，在水之旁静静凝视着倒影的圆月。

宋代道教造像的绝巅：石门山三皇洞

——约南宋初期

石门山三皇洞是大足道教石刻艺术中的精品，题材众多，技艺精湛，有学者赞誉其为“宋代道教造像的绝巅”（胡文和、刘长久：《大足石窟中的宋代道教造像》，《世界宗教研究》，1987年，第3期）。

三皇洞是一个高3米、宽3.9米、深7.8米的洞窟，原窟造像近80尊，窟顶部分及右壁在清代乾隆年间崩塌，部分造像受到损坏，现存正壁、左壁及部分右壁造像约43尊。窟内无造像记，学界大多认为是南宋初期所开凿。

窟内的正壁主像为三皇，端坐于龙头靠背椅上，天皇居中，地皇和人皇在其左右。三皇均头戴通天冠，项下系有方心曲领，胸前捧玉圭。在三皇头像上方，有三小圆龛，为道教尊神三清。因为正壁造像为三位帝皇形象的造像，所以，这个洞窟历来被称为“三皇洞”。对于此三皇造像，曾有儒家三皇和道教三皇的不同说法，不过近年来的一些研究成果表明，该窟三皇为道教三皇

石门山三皇洞

的可能性更大，此说法也渐渐成为共识。

在窟正壁和两侧壁转角处各有一身雕像。左右两侧壁雕像颇多，虽然右壁造像因崩塌而有所残坏，但其造像情况，今仍可从保存完整的左壁得知。现存完好的左壁造像，可分为上下两层，上层刻28位天神像，有学者认为是“二十八宿”。下层雕刻7身体量大致相当的站像，窟内的第1身，也就是正壁转角处的造像为天蓬元帅，第2、3、4身头戴通天冠，身着长袍，项下系方心曲领，双手捧笏。第5像头戴朝天幞头，亦着长袍、系方心曲领。第6像为神将。第7像头戴直脚幞头。这其中，第2、3、4、5以及第7尊像一般称为文官像。

对于左右壁这些造像的身份，说法不一。首先，经过多年的研究，可以肯定的是“四圣”像，如左壁第1和第6身像分别为天蓬和真武，基本已成共识。因此，与之对应的原右壁像为天猷和翊圣，他们四身造像一道，构成了宋代道教神系中较为盛行的“四圣”。他们组合在一道，经常出现在当时的宫观之中。

天蓬元帅

天猷元帅

翊圣元帅

真武元帅

三皇洞“四圣”像

那么，站立的五身类似文官模样的造像究竟为谁呢？有学者认为：现存洞窟左壁的五位官员像，似应是《枕中书》中所列的“太昊氏为青帝治岱宗山，颛顼氏为黑帝治太恒山，祝融氏为赤帝治衡霍山，轩辕氏为黄帝治嵩高山，金天氏为白帝治华阴山”，原右壁的五位官员为尧、舜、禹等（胡文和：《中国道教石刻艺术史》，高等教育出版社，2004年）。另一种观点：左右两壁“四圣”之内的文官造像，为道教尊奉的“八帝”。在道教经典中，三皇之后有八帝治理天下，如《云笈七签》中记载：

《三皇经》云：三皇后又有八帝，治各8 000岁。（卷四《三皇经说》）

《命召咒文》云：三皇治世，各授一卷以理天下……号曰《三坟》。后有八帝，次三皇而治，人各授一卷，凡八卷，号曰《八索》。八帝之治，邪鬼逆窜。黄帝述以断邪恶。（卷六《三洞经教部·三洞品格》）

三皇洞文官像

类似的记载在道教经典中较多，从这一点来看，正壁为三皇，两侧壁为八帝，再加之具有护法性质的“四圣”，因此构成了这窟造像的主体。不过，这一说法还可以继续探讨，比如八帝，他们的身份具体为谁等问题。

石门山三皇洞的开凿，可谓是将大足道教石刻艺术推向一个新的高峰。

南宋初期，道教石刻在大足一地开始达到兴盛且形成了一定的规模，并影响到大足乡里之中，尤其是南山、舒成岩、石门山等道教石窟的开凿，其所体现出的雕刻技艺，已经具有自身浓厚的艺术风格特色。石门山三皇洞无疑是其中最具有代表性的作品，其艺术风格历来受到世人赞赏，早在清光绪年间李型廉在《游石门山记》中就描述道：

转而南，有三皇洞，豁然开朗，诸像列眉，上镌三皇，垂旒执笏，犹见太古衣冠；左右二力士睁目露牙，阴森可畏，两旁镌立像大下数十，精工妙丽，肃若朝班，唯左班像多短裂。

可见，古人对其造像甚为赞赏。在今天的各种著述中，亦比比皆是。综观这个洞窟，其艺术价值至少体现在三个方面。

首先，这个洞窟总体构思完善，并注重推陈出新。

这一点，从窟内造像题材丰富、井然有序即可大体略知，可想当初设计者应是反复斟酌，数易其稿。特别值得一提的是，这个洞窟与石门山的一个佛教造像洞窟——第6号十圣观音洞，在洞窟的窟型、规模、设计上等有相近之处。这个道教造像的三皇洞不是对佛教造像窟的简单借鉴，而是在布局上注重自身题材的需要，尤其是四圣以及诸多小像的出现，显示出营建者不拘泥于6号窟的形式，而是有所创新。

其次，这个洞窟造像雕刻细腻，仙风尽显。

三皇洞造像雕刻技艺精湛，匠师不但善于总体设计，而且在对每尊像以及每个具体部位的处理上都颇具匠心。以八帝为代表的文官像，细眉凤眼，皆略微上挑，嘴唇微闭，脸颊稍显丰腴，细细观赏，恍若真人之肌肤；颔下的系带，飘于肩两侧，颇有仙风徐来而自飞拂之感。其身着的袍服，俱以素面为主，少于雕饰：或着长袖袍服，衣袖下垂过膝，极富下坠之感；或着短袖袍服，肌骨隐约可见，身材显现无余，秀丽而颀长，更增干练之风。文官像皆持朝笏，双手握于胸前，十指纤细。朝笏上饰有花纹，笏下为中垂的绶带，紧贴在袍服之上，在其上有花结，或为圆形，或为蝴蝶形，与素面的袍服两相对应，于朴素大方之中显示出造像的高贵与文雅，一派文质彬彬之貌。这些文官造像，表面上看来似为儒家官员像，但又体现出道教制作道像时“必具修真度世”（宋·郭若虚：《图画见闻志》）之范的要求，可谓是我国古代道教造像的绝品。

此外，其他造像也是精雕细琢，正壁的三皇像沉稳大气，高贵端庄。四圣造像中，身着的甲胄，其甲片清晰可见，袍服飘拂自然流畅。三皇洞内，还有体量较小的神像，如现存于左壁上层的造像，基本上保存完好，神情兼备，其中，位于洞内的两身女神造像，头戴花冠，身着长裙，长带飘拂，衣饰之华丽，彰显出细腻的雕工。

文官头像

最后，这个洞窟注重在对比中求变，彰显自身艺术特色。

在造像中，儒雅文静的文官与狰狞威武的神将形成了鲜明的对比。神将手持各种法器，面目狰狞凶恶，可谓是大足石刻护法神将像的精品，与北山第133号水月观音龛的四身金刚像，以及石门山第6号西方三圣窟外的四金刚神像不分伯仲。这些神将点缀在文官造像旁，更增其威武勇猛之貌。神将之间，也并非单纯如一，如天蓬与天猷皆为三头，但是前者为六臂，后者为四臂，而真武像则单首双臂。文官造像亦是如此，其面容或老成稳重，或年轻俊美；服饰上或长袖下垂而飘拂自如，或短袖紧缩而显其干练之风。

由此来看，三皇洞不失为大足石刻造像中的精品，难怪被誉为“宋代道教造像的绝巅”。

八戒的前身“天蓬元帅”，在大足居然是如此威武……

——约南宋初期

提起《西游记》，最惹人发笑的形象无疑是猪八戒了。在明代吴承恩的《西游记》一书中，记述猪八戒本来是天上的天蓬元帅，只因酒后戏嫦娥，被贬下人间，不料错投猪胎，乃有此副模样。书中第十八回《观音院唐僧脱难 高老庄行者降魔》这样写到孙悟空第一次见到他的模样“只见半空里来了一个妖精，果然生得丑陋：黑脸短毛，长喙大耳。”

但是，八戒常以当年为天蓬元帅而骄傲。那么，天蓬元帅究竟长什么模样呢？

在大足石刻中，就保存了多尊极其珍贵的“天蓬元帅”石刻造像，其中较为完好的造像，一尊在石门山石刻的三皇洞内，另一尊在舒成岩石刻的紫微大帝龛中。此外，南山、佛儿岩等石刻处，也有天蓬元帅的造像。这些造像的时间，基本上是800年之前的南宋时期。

石门山三皇洞天蓬元帅

石门山天蓬元帅头像

石门山石刻是一处佛教、道教题材兼有的造像点，造像的主要时间是北宋后期至南宋初期。

天蓬元帅像就出现在道教造像洞窟的“三皇洞”之中，这身造像位于正壁与左壁的转角处，身高 1.94 米、宽 0.52 米，为三头六臂模样，头部正面像双目怒瞪、龇牙咧嘴，身着铠甲。六臂姿态不一，持物各异，其中左侧的上手举一印章，中间一手持弓，下方一手抓一龙；右侧的上手摇铃，中间一手握箭，下方一手拿一斧。该像雕刻生动，气势威武，具有极高的艺术价值，不由得让人想起道教经典中，记载天蓬元帅领有神兵达三十六万之众的英姿！

舒成岩石刻是一处纯道教的造像点，造像的时间，主要集中在南宋绍兴十三年至二十三年间（1143—1153 年）。天蓬元帅像雕刻在第 3 号紫微大帝龛内，正中端坐的是道教尊神紫微大帝，在他的两侧各有一位神将，头戴束发金冠，身着铠甲，横眉怒目，其中左侧的神将即为天蓬元帅，身高 1.45 米，为三头六臂，肩上飘带垂地，相貌狰狞。

舒成岩石刻的天蓬元帅形象与石门山的这尊造像较为相同，而且也是处在道教石刻造像龛内。可见在宋代，天蓬元帅属于道教的神灵。

舒成岩天蓬元帅

其实，在很多道教的经典中，记载了天蓬元帅的形象，包括其手中所持的种种法器，以及率领的神兵数量等等，其中《道法会元》卷 215 记载得较为详细：“天蓬元帅三头六臂，赤发，绯衣赤甲，跣足，左一手结天蓬印，右一手撼帝钟，又左一手执斧钺，右一手结印擎七星，左一手提索，右一手仗剑，领兵吏三十六万骑。”类似的描述在道教经典中出现较多，如：

（天蓬元帅）三头六臂，执钺斧、弓箭、剑、铎、戟、索六物，身长五十丈，黑衣玄冠，金甲，领神兵三十六万。（《太上北极伏魔神咒杀鬼箓》）

（天蓬元帅）三面六臂，执七星剑、金铎、戟、弓箭、六和索，身长五十丈，披金甲若龙鳞，身在神谷，赫赫万里，叱咤震怒。（《道法会元》卷 157）

从这些道教经典的描述中，可见天蓬元帅作为神兵之帅的威武神貌，也难怪，在石门山三皇洞和舒成岩紫微大帝龛中，天蓬元帅的位置都是站在正壁主尊的身侧，可见其地位之高。天蓬元帅有如此高的地位，也与宋代时期他是“四圣”之首有关。四圣即天蓬、天猷、真武、翊圣这四位统帅神兵的将领，对其的崇奉约起于隋唐，北宋时在汴京建紫极观奉四圣，南宋又在杭州建四圣延祥观。在以紫微大帝为中心的神系中，四圣是极为重要的护法神将，其中天蓬有“一人之下，万人之上”的显赫地位。四圣这一题材，在宋代也成为一些道教艺术作品中重要的护法神像。这一点，从大足石刻几龛造像中得到了真实的体现。

值得注意的是，道教经典的描述与大足石刻中天蓬元帅造像对比来看，工匠们在设计和雕刻造像时，并非严格按照经典的记载来琢像，如在之后元代的山西永乐宫天蓬元帅壁画中，其仅有两手，所持法器亦只有戟和天蓬印。在唐宋时期，受道教经典的宣扬，天蓬元帅也成为绘画匠师笔下的一个题材，据宋代《宣和画谱》的记载，朱繇、孙知微、侯翌、周文矩等绘画名家，皆有《天蓬像》的单独之作。

进入明代，天蓬元帅的形象因为文学作品的传播，更为世人所知。

事实上，在明代吴承恩撰写《西游记》之前，唐僧取经的故事有一个逐渐演变的过程，其师徒人数也不断发生变化，如在敦煌榆林窟中的《唐僧取经》壁画（年代为西夏，相当于宋代），其中人物仅有唐僧、孙悟空二人。大约明代时，才逐渐把道教中的“天蓬元帅”吸收到取经的队伍中去。《西游记》还写到取经成功后，猪八戒还被封为“净坛使者”，终于功德圆满。从而也在中国文学的长廊中，出现了一个极其生动的艺术形象——猪八戒。

《西游记》的作者吴承恩（约 1500—约 1582 年），江苏淮安人，在其撰写《西游记》的时候，大足石刻中的这几尊天蓬元帅造像，就已经雕刻有 400 多年了。可以说，这是国内所发现较早的天蓬元帅造像题材的艺术作品，对于了解道教艺术、天蓬元帅形象，以及文学人物形象的演变等，都具有极高的价值。

大足石刻之水下版：十王殿石刻

——约南宋初期

2007 年 2 月，一位年轻的美术摄影爱好者，在乘船经过大足上游水库时，对那些因为持续干旱而不断从水中显露出来的岩石感到异常惊讶，便立即用相机记录下这些千奇百怪的石头，包括一处当时他也不知道名字的岩石。在这块岩石略带弧形的线下，一排石像，静静地在轻微的波浪中显露出来。这一切，随即在他的博客中被记载了下来。

与此同时，大足文物保护管理机构也从不同渠道得知，因为特别的干旱，上游水库水位不断下降，从中显露出大量的文物遗存。随即，重庆大足石刻艺术博物馆立即开启了一次“干旱时期库区文物”的专题调查。

2007 年 2 月，从水中显露出来的十王殿石刻

地藏与十王龛

地藏与十王龛（局部）

调查人员很快来到了水库。站在水库大坝前，水位已经大大下降，昔日碧波荡漾的库水，如今显得浑浊和“小气”了，因为库水无法从正常的取水孔道流出，几台抽水机正不停地忙碌着，给下游城区一带的居民源源不断地供给着最基本的生活用水。坐在小船之上，调查人员便开始搜索两岸显露出来的文物点，之前一直淹没在水下的古墓葬、古建筑遗迹等纷纷出现在岸边。于是，不停地靠岸、上船，不停地测量、记录、摄影、搜集文物信息。行走到水库中部，船渐渐行走不便，不远处，几块巨大的岩石显露出来，这里显露出来的就是一处石刻造像点，当地人称为十王殿。

于是，停船靠岸，渐渐走到这处巨石之地。在其中最大的一块岩石下方，一排石像出现在眼前，调查人员不禁踏着未干的泥土，不顾陷入其中，的危险奔向造像，站在其身旁仔细地凝视这龛造像。

这龛造像，正面对着水库的主流河道，龛形为横长方形，其上部为弧形顶，高 1.14—1.25 米、宽 4.15 米、进深 0.35 米。在龛内刻有造像 11 身，主尊居中，左右两侧为对称的 5 身造像。

主尊造像头部不存，身着袈裟，双手交叠在腹前，捧一残坏的宝珠，结跏趺坐在方台之上。其下方的台座，正面内凿有一洞，洞内雕刻一头石狮，狮头顶刻出卷毛，口衔长带，正伸出前面双爪拨弄绣球。在主尊左右各自侍立着 5 身站像，头皆残毁不存，他们的体量和服饰大致相当。如主尊左侧第 2 身，身高 0.85 米、肩宽 0.26 米，造像身躯修长，项下有三缕胡须，身着圆领宽袖朝服，胸前配带方心曲领。造像皆是双手放在胸前，本应持有朝笏，现已不存。他们皆着如意云头履，站立在方台之上。整龛造像，布局大方，雕刻技法娴熟，人物比例适当，刻工较为写实，衣纹线条流畅、舒展，质感柔和，体现出雕刻工匠们娴熟的技艺。

对于这龛造像的题材，调查人员立即辨识是十王与地藏像，即龛正中的是地藏菩萨，两侧站立的是十位王者的造像（十王）。所以，当地人称这个地方为十王殿，也因此，调查人员将这处新发现的石刻造像点定名为“十王殿石刻”。这处造像点，还发现了一些造像龛，但是规模都不及地藏十王龛。

这处新发现的地藏十王龛造像的年代，成了调查人员的一个疑惑。他们从三点来推断，这龛造像的年代极有可能在南宋初期。首先，他们根据龛的形状来看，这种横长方形的龛形在大足石刻的唐、五代时期基本未见，而在北宋后期元丰五年至绍圣三年间（1082—1096 年）的石篆山开始出现，在石篆山石刻中，孔子龛、三身佛龛、老君龛、地藏十王龛等都是这样的横长方形龛，从这一点初步来判断，这龛造像至少在北宋后期。其次，造像布局上，一主尊和十身王者呈“一”字形的布局，与南宋初期的佛和十观音等龛的布局较为接近，如就在十王殿附近的峰山寺石刻中，第 3 号佛与十观音龛就接近这样的布局。最后，是造像的服饰特点。十王的服饰，与石门山三皇洞中部分文官的造像服饰基本一致，尤其是胸前所佩戴的方心曲领。方心曲领，是套在宋代朝服交领上的用白罗制成的饰件，上圆下方，形似璎珞，是宋代朝服最为显著的特点。而三皇洞的年代，大致在南宋初期。因此，综合这些因素，调查人员初步判断这龛造像的年代，

左侧五王

右侧五王

圣公庙石刻

极有可能在南宋初期这一时间。

这龛造像的发现，对于研究大足石刻十王造像的演变历程具有较高的价值。大足一地十王造像颇为盛行，最初出现在五代时期的北山佛湾第 205、253、254 号造像龛中；其后的北宋时期有石篆山第 9 号地藏十王龛，为文惟简与其子文居安、文居礼雕刻于绍圣三年（1096 年）；再之后为南宋淳熙至淳祐年间（1174—1254 年）宝顶山大佛湾第 20 号。而十王殿的这龛地藏与十王造像的发现，可以说是填补了南宋初期未发现有十王造像的空白，由此可见大足一地十王造像自五代到两宋的发展脉络。

其后，调查人员沿着干涸的河道，在库区显露的地面上还发现了几处石刻造像点。这其中，圣公庙石刻仅有一个造像龛，龛内雕琢具有世俗人物特点的造像，在大足石刻中较为少见。三宝寺石刻中，其内有一个造像龛布局甚为特殊，主尊为一持锡杖的造像，头上部刻三尊佛像，左右有多身观音、供养人等造像。据研究分析，这些造像点的年代，也大致在宋代。十王殿、圣公庙、三宝寺等几处石刻造像点，之前在大足石刻历次文物普查中皆未有发现，这次调查发现，自然是进一步丰富了大足石刻的造像题材。

一场特大暴雨，在这一年 7 月降临；一种惬意，回荡在心，这是一种发现的惬意，当然，更是一种因库水再次碧波荡漾而带来的惬意！

《赵懿简公神道碑》《古文孝经碑》两通名碑，何以同处一龛?

——南宋孝宗时期（1163—1194 年）

大足北山佛湾的石刻艺术长廊以石刻造像为主，但其中有一处甚为独特，在高 4 米左右、长 8 米多的石壁之上，未有一尊常见的石刻造像，几乎都是文字。

这处石壁上共刻有两通碑文，一个是编号为第 104 号的《赵懿简公神道碑》，另一个是编号为第 103 号的《古文孝经碑》，虽然编号不同，但是从所处的位置、二者之间的联系等来看，它们应同处一龛。

《赵懿简公神道碑》

《赵懿简公神道碑》居于整个崖壁的中间，碑开凿在一个顶呈“∧”字形的龛内，碑通高 3 米、宽 1.37 米，碑首顶呈椭圆状，中心篆书竖刻“懿简公神道碑”6 字，在题名的上部和左右刻有浮雕盘龙。碑身高 2.56 米，边框阴刻龙纹，其内竖刻 38 行文字。从碑文可知，该碑文由“左朝散

《赵懿简公神道碑》和《古文孝经碑》

郎试尚书礼部侍郎兼侍讲范祖禹撰”，“左朝散郎龙图阁待制知永兴军府事蔡京书并篆额”，即碑刻的文章由范祖禹所撰写，蔡京书写。碑文叙述了赵懿简的生平，赵懿简（1019—1090年），名瞻，陕西周至人，宋庆历六年（1046年）进士，官至同知枢密院事，元祐五年卒，谥曰“懿简”。

该碑的书写者蔡京，是宋代有名的大奸臣，其书法在当时颇受到推崇，为宋代四大书法家之一（其余三人为苏轼、黄庭坚、米芾），后人耻笑其人品，便将蔡京更换为宋代另一位蔡姓的书法家蔡襄，并将有关蔡京书写的碑刻也摧毁掉。现在，蔡京的碑刻在国内保存极少，北山佛湾的这通蔡京书写的神道碑，对于了解蔡京的书法艺术自然具有较高价值。

在《赵懿简公神道碑》龛内左右壁以及龛外左右崖壁之上，为《古文孝经碑》。它被分别刻在六块石面之上，刻石面高2.8米，各面宽1.3—1.55米不等。《古文孝经碑》为楷书，竖刻66行，满行28字，共计有1 819字，实存1 617字。在碑文首行前书“古文孝经”4字，末行署款“范祖禹敬书”5字。

1945年，大足石刻考察团来到这里，这处《古文孝经碑》成了其关注的重要史料，由考察团发起人杨家骆撰写的《大足龙岗区石刻记略》（《大足石刻研究》，四川省社会科学院出版

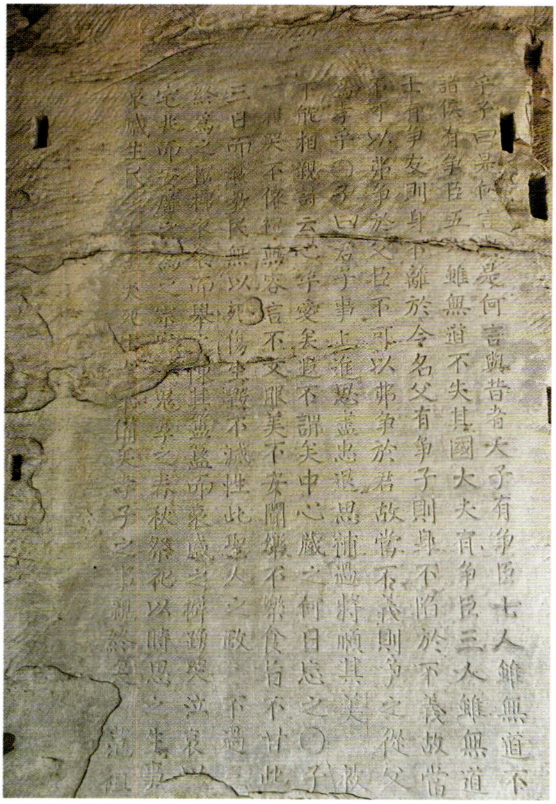
《古文孝经碑》（局部）

社，1985 年）文中叙述道：“有石刻古文孝经二十二章，为宋范祖禹书，每字大三寸许。本团马衡君考察后，曾撰《大足石刻古文孝经校释》，谓其与敦煌北魏写本今文孝经，可称双壁。”参与此次考察的著名金石学家马衡先生，考察后便撰写了《宋范祖禹书〈古文孝经〉石刻校释》一文，文中说他见到这块碑刻“虽漫漶百余字，而大体完整，不禁为之欢喜赞叹”，文内引经据典，对碑刻作了详尽的考证，认为“此刻署范祖禹书，可称唯一最早之古文本”，并认为“其可宝贵，岂在敦煌新出之北魏和平二年写本之下耶？”，这篇文章还收录在马衡先生的代表著作《凡将斋金石丛稿》一书之中。

马衡先生为何对这块碑刻有如此高的评价呢？这得从《孝经》以及它的版本说起。《孝经》是我国古代影响甚大的一部著作，其一言一语，是古人遵循的基本道德和为人处世的基本准则，如其中说到“夫孝，天之经，地之义，民之行，天地之经”等等。历史上，《孝经》有古文、今文之分，其中，今文孝经有十八章，古文孝经则为二十二章。唐玄宗时，下诏令群儒质定古今，因为争执不下，玄宗乃亲自御注《孝经》颁布天下，至此，今文盛行而古文废止。宋代，司马光从国家书库中找到《孝经》古文本，乃作《古文孝经指解》，朱熹则把古文《孝经》分割为经、传两部分。元代以后，各种御注《孝经》都用今文，在当时占据着主导地位。故与今文《孝经》相比较，古文《孝经》就显得极为稀见。

那么，这两通碑刻为何出现在大足北山之上呢？

先来看神道碑。按理，神道碑应在赵瞻墓地之前，但是此处为崖壁，未见有墓室的建筑，因此，这块碑刻就极可能为翻刻至此。事实上，据《宋史》卷 341 和大足《赵懿简公神道碑》碑文记载，赵瞻葬于陕西周至县盂兆社先茔，明代人赵子函的《石墨镌华》卷五也说周至县有《赵懿简公碑》，不过当时所见就已磨灭，基本不能识别。由此来看，大足的《赵懿简公神道碑》应该是翻刻至此。至于其翻刻的时间，大约与《古文孝经》同时，即或稍早，但也早不过南宋初年。

这两通碑刻之中，皆出现有范祖禹其人，这一点，引起了学者的注意。马衡先生在《宋范祖禹书〈古文孝经〉石刻校释》文中说道：“意者此窟为范之门生故吏所凿，以志其景仰之私，遂以赵瞻墓前范撰碑文复刻于此，又以其手写或他处之《孝经》抚勒其旁欤？”在这里，马衡先生仅作出了推论。随后，学者发现在清代张澍的《古文孝经碑考》一文中，记录当时还看见《孝经》碑末刻有“赵范得其本于□□并凿之北山之上”的字样，对此，陈习删先生在《大足石刻志略》书中，认为“范乃瞻之曾孙辈。在孝宗之世，适范在昌州”，也就是说，赵瞻的曾孙赵范，曾于宋孝宗之时在昌州，故将《赵懿简公神道碑》《古文孝经》刻于北山之上，并认为复刻的时间“在宋孝宗之世”。对于这一观点，陈明光先生说道：“宋南渡偏安江左，时南北对峙，（赵）范既在昌州，故没有可能在故土周至立碑，为使祖德不致湮没，故在昌州北山凿窟镌碑，缅怀先辈，并将珍藏的‘范祖禹敬书’的古文孝经分刻左右，是顺理成章的。”（陈明光：《大足“懿简公神道碑”考略》，《大足石刻考古与研究》，重庆出版社，2001 年）

可见，大足一地，不仅有精美的石刻造像，还有具有极高历史价值的一些碑刻。

800 多年前，他们在大足是这样避暑的……

——南宋淳熙四年（1177 年）左右

吕元锡淳熙丁酉夏避暑北山题记

公元 1177 年的夏天，酷暑来临，炎热的天气持续在大足一带。

一天清晨，两位身着常服的中年人，与几位随从一道，漫不经心地行走在前往大足北山的小道之上，时而几声蝉鸣，萦绕林间。他们走在熟悉的道路上，一路攀谈，一路观赏着蓊郁的树林，不时发出一阵笑声，在徐徐吹来的山间晨风中回荡。

他们二人，是吕元锡和他的弟弟吕元牧，这天，他们相约一道前往北山避暑。

此时的北山，不但林木森森、古树参天，而且宝塔矗立、石像俨然、梵呗声声，特别是后来被称为“石刻长廊”的佛湾，自从 892 年，晚唐静南军节度使韦君靖在这里开始雕琢石刻以来，历经 200 多年的持续雕琢，已经是有数千尊石刻造像的一处胜地。1177 年吕氏兄弟来的时候，就大致具备了今天所见的造像规模。这时候，他们徜徉其间，既可以凝视《韦君靖碑》以及韦君靖像，仔细揣摩碑刻中记载的那晚唐时的烽烟，与历史来一场心灵的对话；也可以观赏到转轮经藏窟那些精美的菩萨像，在娴静、端庄、秀雅之中，领悟其蕴含的婉约温柔、崇高庄严之美；还可以惊叹观无量寿佛经变相人物多达 500 余尊，雕刻甚为细腻，每一尊造像都栩栩如生……

在炎炎夏日的北山里，吕氏兄弟往往一来就是一天。在这里，他们寻道来到北山山间的一处崖壁之下，在一处石缝中，汩汩的山泉常年流淌，泉水清澈宜人、甘洌可口，既可以双手捧而饮之，又可以用来煮饭、沏茶。接好数壶山泉，选择一处清凉开阔之地，随从们慢慢做着午间的食物，吕氏兄弟邀来山僧一道，在古木参天的大树之下，熏上香炉，静静坐在石凳上，听着松林古木之间的风声，或是慢慢拿起茶盏，相互寒暄之中，对饮着山泉泡出的佳茗；或是摆来棋盘，于棋局之中渐悟人生的玄妙；或是兴趣所致，对着山间石像与林木，凝视蓝天之上偶尔飘来的几朵白云，赋诗几首。如此这般，在酷暑之际，乐于山林之间，心无所碍，自然是一番凉意在心！

夕阳西下，凉意浸透山间，兴之所来，吕元锡请山僧拿来纸笔，一气呵成地写下如此一句：“吕元锡同弟元牧，数来此避暑，煮饼、瀹（yuè，煮）茶、弈棋、赋诗，□为终日留，淳熙丁酉夏。”随后，这一题写，被刻在北山佛湾弥勒下生经变左门框外侧上方，迄今仍能透过略有风蚀的岩壁，见到当年他们避暑的记载。

事实上，在大足的北山、南山石刻之中，吕元锡的题记不仅仅只有 1177 年这一则，北山第 288 号观音像外侧还有一则，记载他与友人等一行来北山的史实，时间在这一次之前，大约是在南宋乾道元年至七年（1165—1171 年）之间。

南山石刻保存有两则吕元锡的题记，其中一则仅有 22 字，为“申国吕元锡挈家寻仙追凉于此，淳熙戊戌六月十三日”，其中的申国，其地在今河南一带，宋代初期吕公著被封为申国公，吕元锡或有可能就是其后人。这则题记时间，为南宋淳熙五年（1178 年）的旧历六月十三日，也是大足一地一年之中的酷暑之际，所以，在题记中明确地说到来南山的目的就是“追凉”，看来 1177 年之前多次避暑北山之后，又于 1178 年来南山“追凉”。而“寻仙”，则是因为南山石刻是道教石刻造像，龛窟之中有大量的神仙题材造像，可谓是一处道教文化的胜地，故有“寻仙”之说。南山保存的另外一则吕元锡题记，为他 1178 年游览南山的题诗。

在有关吕元锡的这些题记中，其身份一直不甚明确。在合川钓鱼城保存有他的一则题记，记载南宋乾道三年（1167 年），时任石照（今合川区境内）县令的吕元锡，邀集宾客于钓鱼城处“徜徉终日，不知六月之袢暑也”，看来郊游避暑是他一直的生活方式，也可见，他是一位仕途中人，在石照县当过县令，其后，极可能调任大足一地为官。

吕元锡南山寻仙追凉题记

在宋代，大足城区附近的南、北二山环境优美，当时就有“山林有南、北之秀”（南山《何光震饯郡守王梦应记碑》）的说法，加之精湛的石刻造像初具规模，所以，来此避暑休闲的人自然络绎不绝。今石刻题记中，不但有吕元锡的多则避暑、追凉之类的题记，还有其他一些题记明确记载与避暑有关。

在北山，还有南宋淳熙五年（1178 年）杨彦翔、吕元丙“追凉于此”的题记，刻在第 168

号五百罗汉窟内；南宋嘉定十二年（1219 年）季夏，郭庆祖等“逃暑岩阿”的题记，刻在第 149 号如意轮观音窟的左侧门柱上。

在南山，还有南宋淳熙十五年（1188 年）季夏，梁当之、陈应辰等人来此，留下题记刻在三清古洞右侧门柱之上，其中就说到“避暑于此”。南宋端平二年六月六日，樊允季带着从资阳来的远客王熙“避暑于此”“盘旋终日”，并听见“松竹间风，时作秋声”，题记今在三清古洞内可见。

樊允季领客避暑南山题记

第五章　南宋（下）

赵智凤：清苦 70 余年营建石窟艺术集大成之作

——南宋淳熙至淳祐年间（约 1179—1252 年）

南宋中后期，一代高僧赵智凤清苦 70 余年营建宝顶山石刻，将大足石刻推向了顶峰！

在大足东北宝顶山，沟壑丛生，溪流淙淙，800 年前的一天，这里的山谷之中响起了清脆的雕琢之声，伴随着日起日落持续达 70 余年之久。之后的 800 年中，来往于此的人们，无不在这里发出惊叹的目光，因为在这里，他们见到石窟艺术中别开生面的一系列杰作：

宝顶山大佛湾造像（局部）

88 平方米的崖壁上，千手观音千只手臂形若孔雀开屏，斑斓夺目，造像构思奇瑰，气势恢宏，是世界石窟艺术史上的一朵奇葩。释迦涅槃圣迹图中，右胁侧卧的释迦长达 31 米，古代匠师采取意到笔伏之手法仅现半身，造像气势宏大，意境深邃，为中国石窟艺术所罕见。华严三圣高约 7 米，袈裟如刀斧劈出，舒展自如，文殊手托高 1.8 米、重达 400 余千克的七重宝塔，历 800 余年而不坠，是古代匠师成功地把建筑力学运用于艺术创作的典范。进深 12 米的圆觉洞内，造像刻工考究，璎珞飘带满身，衣衫如绢似绸，极具动感，尤其是洞窟排水、采光等设计，彰显出营建

者匠心独具的才华……在这里，还有父母含辛茹苦养育子女的艰辛历程、勤劳的农家妇女清晨揭开鸡笼喂食的瞬间、世俗男女醉酒后的表情与行为、年轻夫妇日常生活的点点滴滴、牧牛少年在田野放牧牵牛的种种情景……这些熟悉的世俗生活场景，无不凝固在坚硬的崖壁之上，成了造像龛窟表现的重要题材。

然而，与多数石窟造像不同的是，在万尊造像之间，没有发现当时匠人们的一处题记，那么，这宏伟的石窟艺术殿堂，究竟是谁主持开凿的呢？历史的悬念从南宋后期某一天开始，就一直萦绕在每一尊造像之上，也在800多年往来的行人心中。

后世的人们，将自己所知的宝顶山雕琢历史，撰写成碑文，铭刻在宝顶山造像之间。于是，世人这才知道这座宏伟的石窟艺术殿堂，是大足人赵智凤主持开建的。

同宝顶山石刻诸多造像今天仍存在诸多争论一样，赵智凤的生平事迹也一直是探寻宝顶山历史疑惑的焦点。最晚在南宋绍定二年（1229年）成书的《舆地纪胜》一书中，提到23字："宝峰山，在大足县东三十里，有龛岩，道者赵智凤修行之所。"直到近200年后，宝顶山再次兴盛，在明代洪熙、宣德元年（1425、1426年）两通基本相同的《重修宝顶山碑记》，以及弘治十七年（1504年）曹琼撰的《恩荣圣寿寺记》等碑刻中，记载有他的相关事迹，这些极具价值的碑刻文献，成为后世了解赵智凤的重要史料。在这些碑刻中，大致这样记载到，南宋绍兴二十九年（1159年）7月14日，赵智凤出生于大足县米粮里（今智凤街道）的沙溪赵延富家中，从小就孝敬其母，一次母亲患重病，其求师医治，并委身于寺来救治母亲的病。5岁之际，在居住地附近的古佛崖"落发剪爪"为僧，一生之中"凡可以济人利物者，靡所不至"。在他16岁时，西往今成都附近的弥牟，云游三昼（三年）后返回大足，"命工首建圣寿本尊殿"于今宝顶山，发下弘誓愿，普施法水，御灾捍患，从而德洽远近，莫不皈依，并在宝顶山"前岩后洞，琢诸佛像"，这就是今仍存的宝顶山石刻。

宝顶山石刻，是以大、小佛湾为核心，在这之外方圆2.5千米内的悬崖和古道旁，雕琢有广大山、龙头山、佛祖岩、菩萨堡等10余处结界像，由此形成一个大型摩崖造像群，造像近万尊，为前期石窟造像所罕见，可谓是石窟艺术集大成之作。特别是大佛湾造像，位于一个马蹄形的山湾之中，在500余米的崖壁上，如同连环画般雕琢近万尊石像，题材无一重复，图文并茂的内容前后衔接、相辅相成，有教有理，有行有果。小佛湾的主要建筑是顺着山势石砌的一座坛台，有大佛湾"蓝本"的说法。

在有关赵智凤的史料与文献极为稀少的情况下，宝顶山那些保存仍较为完好的、由他主持开凿的造像与文字，无疑是了解其生平和思想的重要实物，在这中间处处烙下关于他的痕迹。

造像群中，有一奇特的人物造像，因为他的发式为鬈发，今多称为鬈发人造像，他出现于大佛湾牧牛图、地狱变、观经变、释迦牟尼涅槃图等龛中，学界多将其认为是赵智凤的形象。其中地狱变中的鬈发人，位于地狱组图之中，身着袈裟，手持经卷，旁刻有"吾道苦中求乐，众生乐中求苦"等说教的偈语，体现出在地狱中拯救众生的行为，这与石刻铭文"伏请世尊作

地狱变相中的鬈发人像

证明，五浊恶世誓先入”所表达的弘愿是一致的，由此来看，将鬈发人识为赵智凤是有根据的。

造像群中，多处造像旁雕刻着颂词和偈语，其中，多次出现的“假使热铁轮，于我顶上旋。终不以此苦，退失菩提心”，以及“热铁轮里打筋斗，猛火炉中打倒悬。伏请世尊作证明，五浊恶世誓先入”“大愿弘持如铁石，虚名委弃若埃尘”等，正是明代刘畋人撰的《重开宝顶石碑记》中，记载赵智凤“发弘誓愿”的锲而不舍、持之以恒精神的一个体现。当然，最能体现赵智凤这种精神的，则是70余年营建而成的规模宏伟的宝顶山石刻造像群！

造像中，不但多次雕刻反映孝道的造像，如父母恩重经变、大方便佛报恩经变等龛，而且在文字中极力宣扬孝道，尤其是在父母恩重经变中的颂词和经文中，刻有“三千条律令，不孝罪为先”，不恪守孝道“终是地狱之人、不孝之子”，将堕阿鼻地狱之中。造像中大力宣扬孝道，在赵智凤营建之时，就受到知昌州军州事宇文屺题诗“宝顶赵智宗刻石追孝，心可取焉”，亦与明代记载赵智凤从小“奉母最孝”（曹琼碑）的说法相吻合。

造像的题材与图像，体现出对佛教密宗的崇尚。其间，在圆觉洞、毗卢道场内的主尊，就是密宗崇尚的毗卢遮那佛；此外，还有修行密教的祖师柳本尊的行化故事图。这些造像，与宝顶山碑刻中记载，赵智凤西往弥牟修习密法相吻合，所以有学者称宝顶山是一处完备而有特色的密教道场。不过，这处密教道场，又兼容佛教净土宗、华严宗、律宗、禅宗等派别的造像，可见，赵智凤是一位对佛教经典和思想非常熟知，又能兼容其他宗派的一代高僧。

但是，宝顶山还留下大量的疑惑，一直萦绕在世人的心间，如面对十大明王造像，人们不禁追问：这里为什么是一处未雕琢完工的造像呢？还有，为什么要在石刻之间雕琢出赵智凤自身的形象呢？石刻造像之间，他们究竟有什么关联呢？赵智凤圆寂之后，又归葬于何处呢？

这些疑惑，每天在南来北往的世人心中不断探寻着，或许有一天，一个震惊世人的发现，会逐渐揭开深藏已久的秘密。

赵智凤，这位诞生于大足乡里的普通僧人，其名与宝顶山石刻一道彪炳千秋！

走进幽邃神秘的宝顶山小佛湾

——南宋淳熙至淳祐年间（约 1179—1252 年）

在宝顶山大佛湾东面约 200 米处，毗邻圣寿寺，有一个幽静的地方，在石条砌成的石壁之上，雕琢有众多的石像，这里被世人称为小佛湾。这处造像，多数研究者认为系赵智凤西去弥牟学习本尊密法之后，回到大足，首先建造的传法、修行之所，当时名为“圣寿本尊院”。

走进小佛湾，首先看到的是矗立着的一座石塔。这是一座石质的四方楼阁式塔，编为第 1 号，通高 7.91 米，共有三层，逐级内收，在顶上置有塔刹。塔身各面浮雕大小圆龛佛像 103 尊，这其中，包括鬈发人赵智凤像。在空白的地方，遍刻经目和偈颂。经目，也就是佛经的经名。据统计，塔上现存有经目 510 种（部）。此外，塔上还刻有诸多的偈语和颂词，如“普为四众，看转大藏”“祖师颂曰：一二三三，四五六六，心日心心，大事足足”“六代祖师传密印，十方诸佛露家风。大愿弘持如铁石，虚名委弃若挨尘”，等等。在这些经目中，还出现有不常见的异体字，既有唐代武则天所创的武周新字，也有历代石碑中的“别字”，还有赵智凤自造的一些变体字，是研究古代文字学的珍贵资料。

小佛湾全景

小佛湾经目塔

这座塔的名称，历来称谓不一，清代有“大宝楼阁”“本尊塔”的说法，1945年大足石刻考察团定为“经目塔”，其后，还有“法身塔”“祖师法身塔”“祖师法身经目塔”“大藏塔”等多种说法，一般据其上刻有经目，称为“经目塔”。

在塔的后面2米多处，是一处用石条所砌的石壁，编为第2号，高3.07米、宽7.37米，在其上开凿有造像，主要是横排的7个圆龛，龛内浮雕有7身佛像，皆是结跏趺坐在莲台之上。这处石壁造像，被定名为“七佛壁”。

走过经目塔和七佛壁，面前是一座大的坛台。拾级而上，站在坛台的中间，一眼便可看见周边数不清的佛像，这就是小佛湾的千佛壁。

这些千佛造像，有着总体的设计，在石屋中，正面、左右壁等多处雕刻大量的佛像，这些佛像都刻在圆圆的月轮之中，有专家为他们起了一个美妙的称呼——月轮佛，这些月轮的直径基本上都是30厘米左右，上、下排交错并列，这些似乎是千篇一律的佛像，在视觉上成了石屋造像的主体，尤其是正面那壁，在高近2米、宽近12米的岩石上，雕刻有五排佛像，每排有33个月轮，给人一种强烈的视觉冲击力。

小佛湾千佛壁

这些月轮中的佛像在表情和姿势上极其丰富。细细一看，这些在同样大小月轮中的佛像，他们的表情或嬉笑，或严肃，或沉思……佛像的动作更是丰富多彩，如佛最常见的说法形象：或双手摊开，似讲经说法正到妙处；或单手直指，似正举例阐述深奥的佛教教义；或举于胸前，似正讲说自身修行的经历……值得注意的、与很多千佛形象相比特殊的是，其中一些佛像或双手抱膝，或单腿翘立，或侧身依靠，这些动作在之前的千佛题材造像中殊为少见，可见营建者对于这儿的每一尊佛像，都倾注了颇多的匠心！

这些佛像所持的器物丰富多彩。如佛经的经书样式就有多种，其中，一佛双手倾向左边轻轻摊开经书，似正在诵读经典；而另一位佛像则双手朝右，摊开一长长的经书，不一而足，从而留下了佛经经书的装帧样式，如经夹装、卷轴装等。又如乐器，据统计，仅正壁的百多身佛像中，就有 20 多身佛像手中拿的是乐器，有较为常见的竖笛、横笛、钹钵、手鼓、拍板等；也有一些不常见的，如有一身佛像，正吹奏一种笛子，它的前面有一龙头，此种乐器古籍上记载为“龙笛”，在佛像如痴如醉的演奏下，似乎隐约听见了龙笛传来的美妙的乐声。

小佛湾千佛壁造像，历来受到世人的赞誉，清嘉庆二十三年（1818 年），大足知县张澍来到宝顶山，在其撰写的《前游宝顶山记》中说“自东壁抵西壁长三十步，后壁镌小佛数盈万，凡柱梁斗栱，罔非佛像者，或向或背，或坐或卧，或立或行，或屈膝，或伸臂，或瞑目，或欢笑，或悲戚，靡不生动曲肖；所执香花、宝珠、钹钵、璎珞之属，亦复精巧绝伦”，字里行间，透露出对千佛壁造像艺术的颇多赞赏。

小佛湾千佛壁吹龙笛佛像

在小佛湾的坛台左右和下方，有几个石砌的石室，如两座毗卢庵、释迦牟尼报恩经变洞窟等，在其上雕琢有造像与文字。

毗卢庵，其中一个编为第 9 号，高 2.3 米、宽 1.7 米、深 2.88 米，洞窟正壁的主像是毗卢佛，在其花冠中有柳本尊坐像。窟的左右壁遍刻石像，分别有四佛四菩萨、八大明王和柳本尊行化故事图。在这个洞窟的外围，其东、西、南壁上皆有造像，以及“释迦舍利宝塔禁中应现之图”碑。

小佛湾第 9 号毗卢庵正壁

另外一个也定名为毗卢庵的石室洞窟，编为第 4 号，高 2.93 米、宽 1.68 米、深 4.1 米，正壁的主像也是毗卢佛，在其下方刻一护法金刚，面貌狰狞，怒目张口，左手撑膝，右手握剑。窟两侧壁的圆龛内，分别刻有柳本尊和释迦佛像。窟内刻有很多偈语，如“假使热铁轮，于我顶上旋。终不以此苦，退失菩提心”等。

释迦牟尼报恩经变洞窟，编为第 3 号，正壁主像为释迦牟尼佛，窟的左右壁，内侧刻有大方便佛报恩经变和佛本生故事图，外侧刻有佛说报父母恩重经变图。

在小佛湾中，保存有几通颇为珍贵的碑刻，如由宋代沙门祖觉撰写的《唐柳本尊传》碑，原碑刻由南宋绍兴年王直清立在弥牟的柳本尊墓左侧，其后，宝顶山石刻创建者赵智凤，将其复刻于此，现仍位于小佛湾正中坛台之上。镶嵌在第 9 号毗卢庵洞外壁上的“释迦舍利宝塔禁中应现之图”碑，可能为“宋宁宗在外患日紧的形势下，将宝塔图赐给大后方的宝顶山刻石安奉”“刻石之日，似以理宗绍定四年（1231 年）为当”（《宝顶山宋刻阿育王山之〈宝塔图〉考》，陈明光：《大足石刻考古与研究》，重庆出版社，2001 年）。可见该碑刻对于了解宝顶山营建时间、影响等具有很高价值。

小佛湾与大佛湾的关系，历来受到世人的关注与讨论，1945 年大足石刻考察团认为“赵氏营大宝楼阁（小佛湾）后，嫌其规模太小，因更有广大宝楼阁（大佛湾）之经营，即今之大佛湾是也”（吴显齐：《介绍大足石刻及其文化评价》）。其后，便有小佛湾为大佛湾“蓝本”的说法。这一点，也不乏有所根据，如小佛湾内的释迦报恩经变洞窟内的大方便报恩经变、报父母恩重经变，与大佛湾第 15、17 号同一题材的画面相似，只是在体量上较小，人物较少。小佛湾第 9 号毗卢庵内的柳本尊行化故事图，与八大明王，与大佛湾第 21 号柳本尊行化故事图和第 22 号十大明王，也是画面近似。但是，小佛湾也有部分造像不见于大佛湾，因此也有学者怀疑这一说法。而大多专家则认为这二者之间的关系为：小佛湾为信徒修行、观想、受戒的内院，大佛湾则为向信众宣说教义的外道场。

三界轮中万种身：
宝顶六道轮回图中的宋代生活场景

——南宋淳熙至淳祐年间（约 1179—1252 年）

宝顶山石刻仿佛一幅长长的风俗画，静静地在岩石上展现着宋代的世俗社会。在这里，不仅有备受关注的父母养育子女一生的历程，即使在那些不受人注意的造像中，也有着生动的体现，如初次看上去颇为狰狞的六道轮回图。

位于大佛湾的六道轮回图高达 6.6 米，也被称为“六趣唯心图”。“轮回”是譬喻众生的生死流转永无终期，犹如车轮旋转不停一般。这是一幅蕴含佛教基本教义的造像龛，正中雕刻一转轮圣王，亦称为无常大鬼，正怒目獠牙死咬轮盘，长舒两臂紧钳一个直径为 2.7 米的轮盘，象征业力不可逆转。

轮中心雕刻一鬈发人像，胸部发出六道毫光，将转轮分为六部分。在鬈发人之外，轮中还雕刻有三圈造像，由里至外第一圈为六道，分别为：最上部中间雕刻有宫殿，表示天道；左边

六道轮回图

雕刻三头六臂之神，手擎日月，表示阿修罗道；右边雕刻四人，表示人道；以上为上三道。下部中间雕刻一地狱之门，一马面卒正拖一人去受刑，在其旁有沸腾的油锅，表示地狱道；左边雕刻一狮、一牛、一马，表示畜生道；右边雕刻一饿鬼手抱一人，口咬其头，侧边一鬼贪馋欲夺，下有一人恐惧欲奔，表示饿鬼道；此三道为下三道。佛教认为：一切众生皆处于此六道轮回之中，随业而升，业尽而沉，即因行善而上升，因作恶而下沉。

现在，把视线对准第二轮中，在每一个为梯形的格子中，都雕刻有一个月轮，轮中有人物、器物等造像出现，这一轮就有 30 个人物，他们来自社会的各个阶层，有英武的将军、有端庄的文官、有洒脱的士大夫，更多的则是平常的百姓：有打鱼的渔夫、有悲泣的孝子、有襁褓中的小孩，以及日常生活的夫妇、父子等，他们的生活场景在轮中被定格在某个瞬间，已有 800 余年。

十二因缘（局部）

而这些瞬间，让我们看到了更为真实的宋代人的生活——

一位产妇袒胸露乳，左手似乎用力斜撑在床榻上，下方有一接生婆，前方放一盆，她正捋起衣袖，似乎正准备接生；一位渔夫站立在有篷的船头，船下波光粼粼，渔夫跨步向前，双手似乎作收网状；一位母亲，左手抱着小孩，孩子坐在手臂上，母亲右手指向前方，似乎正在逗孩子开心；一位老年人似乎病重，正坐在床榻上，一位少女正端着一碗药，双手恭敬地向前递上；一男子正对着一棺掩面哭泣，在棺的另一面雕刻一位女像，头戴孝布，双手掩面而泣，悲痛之情溢于图外……

此外，还有一些引人发挥想象的场景，如其中一幅，一侧跪蹲着一位老年妇女，似乎在哀求什么，在她的对面是一位少男，双手握拳，一腿正用力踢身前的瓦罐，看他的动作似乎非常生气，那么，这位老年妇女是不是少男的母亲呢？他为什么要这样做呢？如果是的话，与轮中另一幅图——一少女端药奉敬老人，无疑形成鲜明的对比。再如，有一幅图中前方雕刻一位中年男子，身后有一位妇女，她的后背上背着一背篼，背篼内有一小孩，妇女的双手紧紧抓住中年男子的上衣，中年男子似乎很不情愿地扭着头，他们很可能是一对初为人父母的夫妻，他们究竟在做什么呢？是不是中年男子有什么原因，一心想离家出走呢？

800 多年前民众一生的生、老、病、死的经历和场景，在轮中得到了再现，正如轮外的铭文所言："三界轮中万种身。"为什么在六道轮回图中，出现这么多的世俗人物生活场景？据佛经宣称，人在天道、人道、阿修罗道、地狱道、饿鬼道、畜生道这"六道"中轮回，而决定轮回的因素主要是"十二因缘"，它们有无明、生、爱、老、病、死等，轮中这些世俗场景，就以当时社会生活的人物和场景，来展现"十二因缘"的这一佛教教义。

在六道轮回图"十二因缘"中，以当时的社会场景来展现这一教义，在大多数的图像中都存在着这一现象。一般的六道轮回图仅仅以六种不同的图像来加以表现，如在宝顶山大佛湾大方便佛变相中，就以六组图像代表六道，这种表现方式，在泸县延福寺等地的石刻中亦多如此。而在"十二因缘"的表现上，由于时代、地域等因素的影响，匠师们在严格遵循经典的同时，往往还选择一些自己熟知的场景来加以展现，如迄今发现时间最早的六道轮回图，它描绘在印度阿旃陀石窟之中，其中就有盲人，以及正在制造陶器的匠人。之后，在国内的一些六道轮回图中也经常出现各种生活场景，如甘肃安西榆林窟第 19 窟五代时期的一幅六道轮回图，尽管"十二因缘"部分有所漫漶模糊，但是仍可以看到一男一女的生活场景。

而在藏传佛教艺术中，六道轮回图较多地出现在具有浓郁藏传佛教风格的寺院壁画和唐卡之中，这些图像，基本上仍是一位高大的转轮王，口衔一巨轮，双手紧紧握着巨轮两侧，在轮回图中也有"十二因缘"的图像，如有的是盲人、瓦匠、猴子、船、空宅、饮酒、孕妇、临产、老人和死尸等，而这些图案中的建筑、人物、风景、器物等烙下了深厚的藏族文化特色。

可见，"十二因缘"的图像具有较强的地域性和时代特点。

猫鼠图

那么，主要是什么原因决定着人在这个巨大的圆轮中不停地轮回呢？在决定生死轮回的因果关系中，贪爱可谓是众毒之首，宝顶山六道轮回图中雕刻有偈语称道"三界轮中万种身，自从贪爱业沉沦"。为了详细说明，在转轮的下部雕刻有两组像，左下方有一官吏和侍者，一手扶轮，表示"贪"；右下方刻有一猴子一边抚着生殖器，一边瞅着后面的少女，表示"爱"，二图所表现出的"贪""爱"之心，从而使得轮盘旋转不休。

那么，又如何出离转轮之中呢？在龛中雕刻的偈语说道："汝常求出离，于佛教勤修；降服生死军，如象摧草舍。"劝告世人修习佛教，跳出三界得成正果，所以，在龛毫光上雕刻诸多佛像，其意表明"君看轮外恒沙佛，尽是轮中旧日人"。

宝顶山华严三圣，其实之前被称为“三世佛”

——南宋淳熙至淳祐年间（约 1179—1252 年）

在宝顶山大佛湾万尊造像中，高达 7 米的华严三圣像，神情肃穆、气势庄严，伫立其下久久仰望，不由得令人叹服其独特的匠心。

这龛编号为第 5 号的华严三圣龛，造像雕刻在宽 14.5 米、高 8.2 米的岩面上。主尊为华严三圣，正中为毗卢遮那佛，头有螺髻，髻上有两道毫光，左手结印，右手前伸。左边为普贤菩萨，头戴高花冠，双手在胸前捧扶一舍利宝塔；右边为文殊菩萨，头亦戴高花冠，左手伸至胸前捧一七重宝塔，右手扶塔。三尊造像皆高达 7 米、肩宽 2 米，面目慈祥宁静，眼目下视，脚踏莲台。在主像后壁，刻有 81 个小圆龛，每龛内皆有一身坐佛。

华严三圣龛

这龛今定名为“华严三圣”的造像，事实上，在20世纪80年代之前，它被世人一直称为“三世佛”造像。

对于这处造像“三世佛”的称谓，至少可以追溯到清代初年。在清康熙二十九年（1690年），摄大足知县史彰撰写的《重开宝顶碑记》中说“寺门外有古佛崖，石壁盘旋，路约里许，其右镌三世佛丈六金身、千手大悲像，皆庄严中具慈悯相，远望自生敬心”，从叙述的位置和体量来看，文中的“三世佛丈六金身”应是今华严三圣龛。其后清嘉庆二十三年（1818年），署大足知县张澍在《前游宝顶山记》文中说“三世佛，三尊各高五丈许”。可见，在清代人们一直称此龛造像为“三世佛”。

20世纪多次调查的记录和报道中，也遵循清代的说法称其为“三世佛”。

1935年出版的《东方杂志》第三十二卷第五号，刊载刘蕴华对大足石刻的介绍，其中就有华严三圣的图片，其说明文字为“大佛湾之三世大佛像”。1945年大足石刻考察团考察之后，有文章中记述道“再右为三世佛五处，由小而大，最大者与转轮王同高，各约五丈，其身后以无数小像为背景，皆他处所罕见”（杨家骆：《大足宝顶区石刻记略》，《大足石刻研究》，四川省社会科学院出版社，1985年）。在这些文献的记载中，都未详细说到三世佛的具体身份。

1947年，王恩洋在《大足石刻之艺术与佛教》（《大足石刻研究》，四川省社会科学院出版社，1985年）中说道“次三世佛像，身高二丈，相好庄严，肃穆而慈祥，伟大而超越”。对于三世佛的身份，文中说“佛不一尊而以三者，或曰所以代表过去现在未来三世佛也。故通称之曰三世佛”。1955年陈习删完成的《大足石刻志略》中，也认为此龛造像题材为“三世佛”，在其书籍中还说道：“佛有法、应、报三身。法身为体，报身为相，应身为用。”在这里，两位先生所说的三身佛像具体身份有所不一。三世佛是大乘佛教的主要崇敬对象，按照时间和空间来分，有“横三世佛”和“纵三世佛”之分，横三世佛是指中央释迦牟尼佛，东方药师佛（另一说为东方阿閦佛，又称“不动佛”），西方阿弥陀佛。“纵三世佛”指过去佛燃灯佛，现在佛释迦牟尼佛，未来佛弥勒佛。陈习删著作中的“三身佛”，是说的法身、报身、应身三种佛身，一般寺院常见的为法身佛毗卢遮那佛，报身佛卢舍那佛，应身佛释迦牟尼佛。

除此之外，还有学者认为这高大的三尊主像，是西方三圣。

20世纪80年代之后，对于这龛造像的定名逐渐认同为“华严三圣”。这其中，以1985年出版的《大足石刻内容总录》的调查最具有代表性。在调查记录中，学者将此龛定名为“华严三圣”，并且说道“三圣中，毗卢舍那佛居中”“佛之左为文殊”“佛之右为普贤”。即，该龛为毗卢遮那佛和文殊、普贤组合而成的“华严三圣”像。

对于文殊和普贤的位置，在此时期开始的著述中，基本上认为左为普贤，右为文殊，也就是说，与常见的左文殊、右普贤不一致。那么，为什么会出现这样的易位做法呢？按照一般的造像法则，毗卢遮那佛两侧，左边是象征智慧的文殊菩萨，右边是象征理德的普贤菩萨，而在此龛中，却把其位置调换。据考，“普贤、文殊左右换位，表‘理’与‘智’相互涉入，为

手捧宝塔的文殊菩萨

断业障与烦恼之表征”（《略谈宝顶山摩岩造像是完备而有特色的密宗道场》，郭相颖：《大足石刻研究与欣赏》，重庆出版社，2013 年），也即是为体现密宗造像特有的仪轨——“理智涉入”，即理性与智慧的高度融合。但是，这一图像表现，在大足一地仅见于宝顶山大佛湾，在宝顶山还有较多的华严三圣龛造像，他们的图像表现就与大佛湾此龛有所不同。其中佛祖岩华严三圣，居中为毗卢舍那佛，左为文殊，其中一手捧贝叶经，右为普贤，一手在怀中抱一如意。这种表现特点，多见于石窟雕塑之中。

尽管对此三尊造像，在定名上存在不同说法，但其对造像艺术和设计，却是历来备受关注。

这三尊造像高达 7 米，雄伟高大。匠师们刻意将他们的头部加大，胸部缩短，小脚部位加长，而且身躯前倾 20 多度，正好符合造像与观众之间的透视关系，使人仰首观望时，感觉菩萨好像正亲切地俯下身来，关注大千世界的芸芸众生一般，佛和菩萨那种威仪奕奕、悲悯无尽的气度得到了充分体现。华严三圣像背壁刻了 81 尊圆龛小佛，采用大小对比的美学技巧，使构图层次更加丰富，并把三尊主像衬托得高大、伟岸，让整龛造像的气氛显得庄严、热烈。

千手奇观，天下一绝：宝顶山千手观音

——南宋淳熙至淳祐年间（约 1179—1252 年）

1945 年 4 月 30 日，大足石刻考察团一行首次来到宝顶山，当杨家骆、马衡、顾颉刚等著名学者跨进大悲阁那一瞬间，他们对眼前崖壁上的造像深感震惊，随后在考察团评价大足石刻文化价值的文中，这样写道：

千手观音像，长宽各约 16.67 米，向刻千手观音者不过多刻数手，以示多手之意，而此则真有千数，且从一体伸出，恍若自然天生。每手各执一物，金碧辉煌，心摇目眩；我人立像下仰视久之，见各手若在摇动，鬼斧神工，叹观止矣。（吴显齐：《介绍大足石刻及其文化评价》，《大足石刻研究》，四川省社会科学院出版社，1985 年）

宝顶山的这龛千手观音造像，在面积 88 平方米的岩石上，以主尊观音造像为中心，呈辐射状在岩面上雕琢千只手，手中大多执法器，手心各有一眼，以表现观世音菩萨的法力无边，智慧无穷。另雕刻有侍者、力士等像。整龛造像布局严谨，气势恢宏，宛如孔雀开屏，是大足石刻千手观音造像发展的高峰和极致，也是全国同类型造像题材中艺术成就最高的龛窟之一，更是世界石窟艺术史上的一朵奇葩，有“天下奇观”“国宝中的国宝”等诸多赞誉！

宝顶山千手观音

这是一龛立意深远、构思奇诡的造像。

在南宋时赵智凤营建宝顶山之前，千手观音造像在华夏大地大量出现，如就在巴蜀地区，更是遍布至少 30 个区县，接近百余龛同题材的造像。不过，这些造像呈现出的一些特点与宝顶山千手观音有较大的殊异。在龛窟大小上，它们的高宽绝大多数在 3 米左右，也有规模宏大者，如内江东林寺、圣水寺和富顺千佛崖的千手观音造像，但是在构图、布局尤其是细节等之处又有所不及。在千手的展现上，之前的造像基本上是采取“圆雕 + 阴刻”的组合形式，甚至于往往只雕刻 42 只正大手象征千手。而宝顶山千手观音基本上采取以圆雕为主的形式，将千手完美地展现，其“构图模式和内容，与四川地区唐、五代同题材的作品，大相径庭”（胡文和：《四川道教佛教石窟艺术》，四川人民出版社，1994 年），在摩崖造像中可谓是极其稀见，由此可知其立意与构图之新。

这龛造像规模宏伟，彰显出大悲济世的神格。

与之前雕塑作品相比较，千手观音造像规模宏伟，主体以展示千手为主，通过淡化护法、眷属等造像的内容，给予千手更多的空间，涌现出千臂尽显、千手绽放的宏伟场景，展现出千手观音的自身强大的艺术魅力。而此壮观、宏伟的雕刻艺术感染力，倍增千手观音造像本身题材所具备的神格，据佛经记载，千手观音“以千眼照见，千手护持”呵护世间众生，并以大慈大悲、救苦救难而著称。宝顶山此龛造像千手绽放、千眼尽见的雕刻场景，极大地体现出千手观音自身所具备的神格，再加之对观音主尊面容等细节的刻画，体现出的慈祥哀悯之感，一直备受后人敬仰和称赞不已。清代康熙二十九年（1690 年），时为知荣昌县事兼摄大足县史彰在《重开宝顶碑记》中称道：“千手大悲像，皆庄严中具慈悯相，远望自生敬心。”清代著名学者张澍，在嘉庆二十三年（1818 年）撰写的《前游宝顶山记》中说：“千手大悲殿，慈悯之怀，溢于眉睫，真鬼工也，杜龅龟画所不到。”

千手观音头像

这龛造像，在千手雕刻上极尽能工巧匠之能事。

在千手观音像崖壁上，雕刻千只手臂，它们以主尊身姿为中心，呈辐射状散布于崖壁之上，千手远观如浪潮一层又一层，逐渐开来；近观则错综复杂、纵横交错。这些手形千姿百态、变化万千，或五指平伸，芊芊细指流畅而自然；或显露二三手指，向前略微弯曲，作轻拈器物状；或双手从不同角度，合捧宝塔、分持拍板等；或手指作不同的手印，屈伸离合、各具形态；或数手汇聚于一器物旁，各展其姿，各现其态……如此种种手姿，千变万化于崖壁之上。与壁画产生的视觉效果不同的是：雕塑作品的观赏具有多个角度，正面仰望，众手迎面而来，心摇目眩；侧面斜视，鳞次栉比、逶迤开来；再步步移、步步观，既有一手数姿的形态，也有多手荟萃的不同场景，令人赞不绝口！这些极尽变化的手姿，受到世人的广泛赞誉，如当代作家汪曾祺说道“我见过很多千手观音，都不觉得怎么美。一个人肩背上长出许多胳膊和手，总是不自然”，而“大足的千手观音我以为是个奇迹。那么多只手，可是非常自然”“这是富于人性的手”（《草花集》，成都出版社，1993 年）。

这龛造像，在其间荟萃诸多佛经记载和当时常见的器物。

宝顶山千手观音手中多数持有器物，佛经中记载的 40 余只手中的器物，在其上基本上都有雕刻，如经典中记载的紫莲花手、白莲花手、青莲花手等莲花形象，在其中就雕刻有不下 9 双手皆持莲花。之外的手，有数手同时持握一长达 110 厘米的戟（宝戟手），横亘于崖壁；捧在手中的楼阁（化宫殿手），飞檐翘角之下，窗棂与佛像清晰可见；倒垂的葡萄（葡萄手），略带枝叶，颗粒饱满，似有给人以晶莹剔透、色泽鲜明的感觉；在经典中描述的宝经手，在此处的手中分别表现为贝叶经、经夹装、卷轴装等不同形态，见证了佛经的装帧历史……如此种种经典常见器物，皆呈现于崖壁上。之外，还出现了未见于经典记载的器物，如动物一类中的大象和狮子，各自匍匐在一手掌之内，双眼凝视前方，显得温顺而和蔼；日常用具一类中，有一手握毛笔，另一手捧长方形经册，正在书写……宋代一些饮食习俗用具和食物也出现在其间，如对称雕刻有宋代绘画艺术作品中较为常见的食盒，还有长方形盘，其内刻祥云和鱼等。这些器物的出现，生动地展示出宋代世俗社会场景。

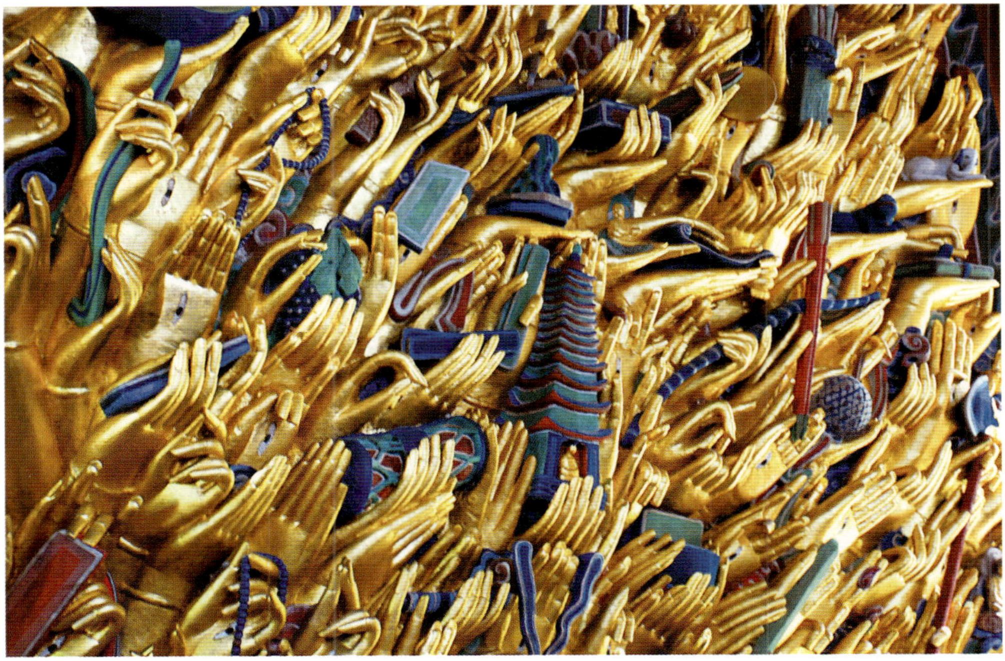

千手（局部）

千手（局部）

然而，春去秋来，光阴荏苒，这龛精湛的雕像历史曾经历多次的妆金修缮，宝顶山现存的碑刻记载，明清时期千手观音至少有 4 次修复的记录，其中明代 1 次，清代 3 次。时光的步履迈入 21 世纪，这尊历经 800 多年岁月的千手观音造像，早已病害缠身。2008 年，在国家文物局的支持下，中国文化遗产研究院组织数十家科研机构开启了国家石质文物保护一号工程——大足宝顶千手观音抢救加固保护项目。由于千手观音造像集石质、彩绘、漆层、金箔等多种材质于一体，加之受工艺叠加、环境潮湿等因素的影响，其破坏形式异常复杂、病害程度十分严重，造成了修复工作的极大困难。根据整体工作计划，工程分为了前期勘察、方案设计、本体修复三个阶段。修复工作严格遵循现代保护原则，并按照自上而下、由外至内、由易到难的程序，逐步开展造像本体砂岩、贴金层与彩绘的修复工作。2015 年 6 月 13 日，第十个中国文化遗产日重庆大足区主场城市活动期间举行的修复工程竣工仪式，标志着修复工程完成，历世 800 余载的“千手观音”再次以金碧辉煌的面容与世人见面。

以宝顶山千手观音为代表的观音信仰，对后世民俗产生了深远的影响。大足境内有一个流传已久的民俗活动“宝顶香会”，相传在农历二月十九日观音诞辰左右，巴蜀一带众多香客便于此月云集宝顶山，至迟在清初就流传着“上朝峨眉，下朝宝顶”（清·史彰：《重开宝顶碑记》，康熙二十九年撰）的民谚，迄今此民俗活动仍绵延不绝。

正因为大足宝顶山千手观音像具备多方面的文化艺术价值，所以造像自南宋开凿以来便备受世人称道，尤其是独特的艺术魅力，成了世界石窟艺术中的一朵奇葩！

“真容伟巨”的宝顶释迦涅槃图及生平事迹图

——南宋淳熙至淳祐年间（约1179—1252年）

在大足5万尊石刻造像中，体量最大的一身石刻造像，居然是一尊半身的造像，据说这尊半身的造像，那未雕刻出的手足是“手摸巴县，脚踏泸州”。这尊造像，就是宝顶山大佛湾的释迦牟尼涅槃像。

释迦涅槃图，俗称“卧佛”，龛中雕刻一右胁而卧的释迦牟尼佛，长达31.6米，未展现完全的双肩宽7米，头北足南，双眼微闭，神态安详，似乎正在熟睡之中。膝部以下部分，没入岩石之中。在佛像前，雕刻有供桌，在其上摆放有桃子、石榴、佛手、葡萄等果物。供桌的两侧各有半身的天王，桌前有一高1.85米的半身帝王像，头戴冕旒，手捧朝笏，面对释迦涅槃像作肃穆哀悼状。在供桌上方刻有一朵祥云，冉冉而升至龛的顶部，在云中站立着九身造像，居中的是释迦母亲摩耶夫人，左侧为释迦的姨母，右侧为释迦的发妻，三像两侧站立持花果、捧香炉的天女，长眉细腰、衣裙潇洒。

宝顶山释迦牟尼涅槃图

涅槃图前柳本尊、赵智凤等像

在释迦半身像前，还雕刻有一排半身的造像，从头至足，依次雕刻天王、迦叶（该像已毁）、赵智凤、柳本尊、阿难、舍利子、须菩提、富楼那、目犍连、迦旃延、阿那律等释迦弟子、护法神像，这些像手中大多持有器物，如金瓜、莲花、果盘、如意珠、经书等。

涅槃图前弟子像

释迦涅槃图整龛造像气势宏伟，布局严谨，虚实相间，意境深邃，颇多新意。

“涅槃”是佛教徒修行追求的最高果位和最理想的境界，即达到肉身消失、不生不死的永恒状态，是修行者灵魂的永远升华。据佛经记载，释迦牟尼在80多岁时，于拘尸那迦城娑罗林双树间，右胁而卧进入涅槃，此时，大地震动，众生悲号哭啼，释迦的母亲摩耶夫人听闻后，悲伤欲绝，与诸天女从空中来到双树间，释迦听闻其母声，便以大神力令棺盖自开，为母说法，其母心生欢喜而归，此便是双树间站立9身像的来历。一般的涅槃图，弟子多为捶胸顿足的悲恸状，此处的弟子像则端庄肃穆、祥和宁静，颇有创新。

涅槃图中的创新还体现在半身设计上。龛中释迦牟尼佛只显露出半身，双脚隐入岩际，右肩陷于地下，左肩在五色祥云之中，以示释迦牟尼横卧于天地之间。这种处理使造像显得意境博大而有魄力。正是这种"意到而笔不到"的表现手法才产生了良好的艺术效果，从而还导致了民间一句夸张的俗语，说宝顶的卧佛是"头在大足，手摸巴县，脚踏泸州"，而事实上，巴县距大足约200公里，泸州距大足约140公里。

涅槃图佛像可谓是大足最大的佛像，雕刻匠师也非常注重艺术上的处理，安详横卧的释迦牟尼，造像造型比例恰当，体形丰圆壮硕。由于匠师们多采用圆刀雕刻，所以造像各部分的线条显得较为浑厚柔和，恰到好处地表现出佛祖涅槃时的安详之态。其弟子亦为半身像，似从平地涌出，或正或侧，或高或低，或聚或散，或大或小，形态各异，躬身肃立，正在聆听其师的最后一次说法。释迦的胸前设有供坛、祭品和香炉，炉中香烟袅袅，直上青天。在云端之中站着的是释迦牟尼的家眷。这样的手法既烘托出佛祖涅槃的神圣气氛，又收到了"以小衬大，以竖破横"的艺术效果。

正因为释迦牟尼涅槃像宏伟的气势，独特的设计，历来受到世人的赞许，1940年1月，梁思成、刘敦桢等营造学社考察后认为"就崖石凿佛涅槃像一躯，真容伟巨，殆为国内首选"（梁思成:《西

释迦出世图

九龙浴太子图

南建筑图说》)。1945 年 4 月，大足石刻考察团认为造像“释迦涅槃圣迹卧像，仅半身即七丈余，头大如屋，人立头畔，仅及眉长之半。其上仙女结印，下有弟子问疾，尤伟观也”(吴显齐:《介绍大足石刻及其文化评价》，《大足石刻研究》，四川省社会科学院出版社，1985 年)。

涅槃图前有一弯弯曲曲的水渠，名为“九曲黄河”，据说释迦在涅槃之际，众弟子依依不舍，送行不止，他用手一挥，划出一条滔滔大河把他和弟子们隔开。工匠巧妙地将九龙浴太子的水引入卧佛前曲折蜿蜒的 “九曲黄河”，使得造像静有造型美、动有韵律美。

在涅槃图左右，还有关于释迦牟尼生平事迹的造像。

在右侧，雕刻有释迦出世图和九龙浴太子图，讲述的是释迦太子出生的故事。释迦出世图刻释迦母亲摩耶夫人，左手握如意，右手捏襁褓布，布内裹悉达多太子。在其旁为九龙浴太子图，高 6.4 米，宽 4.5 米。据佛经等资料记载，释迦之母摩耶夫人梦一孩子乘六牙白象进入右腋而有孕，怀胎十月后释迦从其母右腋降生。他一落地就朝东南西北四方各走七步，并且步步生莲。他左手指天，右手指地说道：“天上地下，唯我独尊。”这时天上飞来九条巨龙，口吐冷暖二泉为太子洗浴，此龛造像采用高浮雕和圆雕相结合的手法来表现这一情景。龛上部刻九条巨龙，或含珠，或昂首，或张嘴，姿态各异，尽管只刻出龙的头部，但其矫健威猛之势已淋漓再现，龙身隐于山石和祥云之中，给予无限遐想的空间，九条巨龙呈椭圆形排列，以龛正中较大的龙头为中心左右对称，这样的排列方式既规整又不失变化。正中巨龙张着的大嘴是山泉水的出口处，涓涓清泉从龙嘴里终年不息地喷出，龙头的下方，释迦合十结跏趺而坐于金刚台上，虔诚地接受洗沐；台左右两个半身天王，各用一只手托着金盘，他们头戴铁盔，身穿铠甲，表情严肃。金刚台下有一个半圆形的水池。

此龛造像的岩面原本是山上雨水汇集的出口处，聪明的匠师们并不是消极地引水，而是因地制宜先将水积于卧佛上面的池塘里，然后通过暗道使水经正中的龙嘴缓缓吐出沐浴太子，最后经与水池相连的水渠排出，使造像静中寓动，既有佛传故事神秘传奇的特点，又有园林景观之美，乃匠心独运的杰作。

在涅槃图左侧，刻释迦生平事迹图，该处造像因水侵蚀缘故，保存较差，其中可辨部分内容。据考证，这其中就有表现释迦出游四门的故事，即释迦牟尼未出家时，从迦毗罗城四门出游，见生老病死四苦，深感人生无常，而决意出家之事。如在一楼阁的下方，刻一棺木，旁有几人正在做抚棺痛苦状，表现的就是释迦见死亡的场景。

在石窟、寺院之中，讲述释迦牟尼生平事迹的故事图颇多，但是宝顶山的这组造像却独出心裁、表现殊异，营建者以宏伟的半身涅槃像作为中心，在其旁有巧妙引水的九龙浴太子图，这些设计，留给世人持续不断的赞许，绵延至今。

匠心独具的典范之作：宝顶山毗卢道场

——南宋淳熙至淳祐年间（约 1179—1252 年）

在宝顶山石窟中，每一龛每一窟造像的题材、表现形式、艺术价值，以及在这座大型密宗道场中所处的位置和作用，都引来无数专家持续不断的关注与探讨，这其中大佛湾的毗卢道场，自然也是如此。

毗卢道场被编为第 14 号，造像主要集中在一个高 6.6 米、宽 11.6 米、深 4.2 米的洞窟之内。站在洞窟之外，在窟门两侧皆有造像，左右下方各雕刻有两位半身的天王像，上方是佛像，左右各有 8 尊，合计为 16 佛像，他们皆位于月轮形的圆龛之中，双手或持物、或结印。在窟门的正中上部，刻一匾额，匾心阴刻“毗卢道场”四字，在右端竖刻署款“朝散郎知重庆军府事姚宍恭书”，窟门左右刻楹联一对，左联为“欲得不招无间业”，右联为“莫谤如来正法轮”，在楹联之下，圆雕一对憨态可掬的石狮。窟门处姚宍恭题书，对了解宝顶山营建时间有较为重要的价值，因为重庆在唐代为渝州，宋徽宗崇宁元年（1102 年）改名为恭州，淳熙十七年（1190 年）升恭州为重庆府，因此这块匾额当为南宋光宗即位之后所书。

毗卢道场外景

毗卢道场转轮经藏

跨入毗卢道场内，扑面而来的是满壁的造像。在正壁，从崖壁之上凸出一个近似于坛台之类的建筑。对于这个建筑，之前的研究论述，说法不一，有“八角攒尖双重檐亭”“八角形塔”“中心柱”等。其后，经研究得知，这其实是一个转轮经藏，只不过，与北山第136号完整的转轮经藏相比较，宝顶山的营建者将此处设计为仅现一半，另一半隐没于后壁之中，其独特的表现形式，极为少见，故给人以误解。这处高5.4米的转轮经藏，以须弥山为基座，其上依次为莲座、平座、帐身、帐檐、平座、天宫楼阁等，楼阁之上即是窟顶。在这个转轮经藏上，雕刻有诸多题材，有四根龙柱，柱上飞龙昂首缠绕。正面有一佛像，为结跏趺坐的毗卢遮那佛，头戴花冠，口中射出两道毫光，双手结印于胸前，似正在讲授高深的佛法。在下部雕刻有一蟠龙。

毗卢佛头像（大足石刻博物馆藏）

窟内环壁皆有造像，其中左边岩壁原满壁造像。据清代康熙二十九年（1690年）大足知县史彰《重开宝顶碑记》中，“毗卢洞为猛风拔木所损”，可知大约在清代初年，原窟顶之上的松柏塌下，导致毗卢道场窟顶和窟左壁内外严重受损。20世纪50年代，虽然经过修复，但是造像仍然残缺较多，现崖壁上还存有一些摩崖造像，其余造像崩塌时断裂基本不存。其中有一件残存的圆雕头像，现存于大足石刻博物馆展厅主要位置，这尊头像高0.4米、宽0.22米，头戴花冠，冠下露螺发，冠上刻出仰莲花和放焰珠，冠下装饰珠串。脸型方圆，眉间刻有白毫，双眼微闭，柳叶眉，双眼皮，眼梢修长微微上扬，鼻略残，嘴微启。表情似在沉思，给人以无限遐想。

右壁一带的雕像保存甚为完好，主要雕琢4身毗卢佛像，头戴花冠，手中结不同的手印，结跏趺坐于莲台之上，在其左右各有文殊、普贤，他们一道组合成华严三圣的造像。在这四组造像上下，分别雕刻楼阁、供养菩萨、武将力士等题材，其中，在毗卢佛莲台下方，还有一些面朝主尊、背对观者的造像，较为特殊。在窟门左右处，下方还有坐在狮子、大象背负莲台之上的文殊和普贤菩萨；在窟门的上方，还有两身飞天，皆单手托盘，相向做飞翔状。

那么，这一窟琳琅满目的造像，依据的是何经典呢？表现的是什么题材呢？多年来积累的研究成果表明，这窟造像内容表现的是《华严经》“七处九会”，这一观点基本上渐被世人认同。也就是说，这个洞窟是毗卢遮那佛说法传道的场所，展现出了《华严经》叙说的“华藏世界”，这个世界是释迦如来法身毗卢遮那佛显现的净土。“七处九会”是佛陀在7个地方举行的9次宣扬大乘佛法的宣讲会，洞窟四壁的造像主要表现的就是这个图像。

毗卢道场内雕刻造像甚为精致富丽，精品迭出。菩萨造像面容细腻祥和，花冠玲珑剔透，袈裟自然流畅；武士造像昂首站立，身着甲胄，甲片清晰可见，气宇轩昂，可谓是宋代武将的真实体现。那几身背朝观者的造像，面部和前身淹没于岩石之中，给整组造像增加了崇高、威严的气氛。

在宝顶山大佛湾各个龛窟之间，它们之间大多有着某种关联，这也是专家们常年孜孜不倦探讨的一个学术焦点，毗卢道场在这其间所处的位置是什么呢？与周边龛窟之间是如何衔接的呢？郭相颖在《略谈宝顶山摩岩造像是完备而有特色的密宗道场》论文中，认为“此为北岩造像之纲，次第演绎出四部阐发行德教义的经变图像”，所以，在其后为父母恩重经变、大方便佛报恩经变、观无量寿佛经变、地狱变相这些讲述佛教修行的故事图。而在四川美术学院李巳生教授看来，毗卢道场很可能为大佛湾造像的中心，他在《报恩道场宝顶山》（《大足石刻研究文集》第 5 辑，重庆出版社，2005 年）的论文中，说道：“据造像内容组合布局推测，似以北崖‘毗卢道场’为中心，其左翼造像群经东崖延伸至南崖道场入口处，右翼造像群延伸至北崖末端。”其中，“左翼造像群以展示释迦佛无住涅槃利乐众生内容为主”“右翼造像以宣说知恩报恩，知心观心，修习净业脱离轮回流转之苦为主”。由此看来，毗卢道场不仅仅是一处演绎经典的造像洞窟，还在宝顶山大佛湾造像中具有衔接内在造像联系的作用，甚至于是整个造像群的中心。这些学术观点的提出，自然可以看出毗卢道场在学者眼中的地位，随着学术探讨的不断深入，或许这些观点还会得到更多的丰富与认识。

毗卢道场右壁（局部）

走出毗卢道场，回首一望，不由得惊叹于营建者巧妙的设计，把佛教经典通过图像的形式，巧妙地融入这个有限的洞窟之中；加之极为少见的独特的转轮经藏表现形式，这个洞窟可谓是匠心独具的典范之作！

一曲人间父母挚爱的颂歌：宝顶山父母恩重经变

——南宋淳熙至淳祐年间（约 1179—1252 年）

在大足石刻中，有这样一组造像，淋漓尽致地展现了父母养育子女一生的场景，观者每每伫立其下，往往不由得百感交集、潸然泪下。

这组造像就是父母恩重经变，位于宝顶山大佛湾之中，编号为第 15 号。这是一组在高 6.9 米、宽 14.5 米的崖壁之间，如同连环画般展现父母恩重情节的雕像。它分为三层，居于最上层的是七尊半身佛像，庄严而古朴；中间一层就是父母养育子女历程的故事图；最下层还刻有地狱的场景。

无疑，居中的父母养育子女一生的雕刻部分，是这龛雕像的重点，它由 11 组雕刻组成，在图旁都刻有颂词。从最初的“投佛祈求嗣息”图开始揭开整个故事的序幕，在其左右分别交叉雕刻父母抚育儿子成长的“十恩图”。

宝顶山父母恩重经变

投佛祈求嗣息

怀胎守护恩

“投佛祈求嗣息”是这组雕像的开篇。图中，一对夫妻相对站立，丈夫双手端一长柄香炉，略微躬身向前，妻子正向炉中添香。在二人像下方，即为慈觉大师宗赜“投佛祈求嗣息”的颂词，其中提及“父母同香火，求生孝顺儿；提防年老日，起坐要扶持；父母皆成佛，绵绵法界如”等，可见图中夫妇二人在佛前上香的目的为求子，而且明确说到希望生下一个“孝顺”的孩子。

一位身怀六甲的孕妇，表情严肃，正坐在凳上休憩，旁边站着的一位侍女，正捧着一碗茶（也有说法为药）给孕妇，孕妇轻轻地伸出右手正准备接过茶杯，此为第一“怀胎守护恩”。在旁边的颂词说到，母亲怀胎至日，“母黄如有病，动转亦身难”，也就是说母亲在怀胎之际，行动不便，似若身患大病。

孩子即将临产，母亲站立着准备生育，嘴唇紧闭，似正咬紧牙关，右手抚摸着肚中的孩子。在其身前，一位妇女单腿跪地，挽袖正在准备接生，在她身后，站立着一位头戴软巾、身着交领服的中年男子，据考为孩子的父亲，在这个时候，他既惶恐生育的困厄，又憧憬着新生的婴儿，于是拿起一册佛经，希冀顺产。此为第二“临产受苦恩”。在其旁的颂词有所残缺，但可辨“慈父闻将产，空惶不自持”等句，可知中年男子为孩子的父亲。

孩子出生之后，母亲左手抱着孩子，右手拿捏着孩子的小手，父亲站在母子身前，正开心地与她们逗乐，在父母的脸上，都洋溢着欣慰的笑容。此为第三“生子忘忧恩”，刻在其旁的

临产受苦恩

推干就湿恩

生子忘忧恩

颂词有“初见婴儿面，双亲笑点头。从前忧苦事，到此一时休”。

母亲抱着儿子坐在腿上，儿子手中拿一饼，此为第四“咽苦吐甘恩”。其旁的颂词有所漫漶。

深夜，母亲正抱着男孩在床边撒尿。此为第五“推干就湿恩”，刻在其旁的颂词就有“干处让儿卧”，可知图中大意，孩子睡觉往往尿床，而此时，母亲自己睡尿湿的地方，干处则让给孩子睡。

母亲袒胸露乳，身着开裆裤的儿子双手抱住母亲，嘴衔母亲奶头，此为第六“乳哺养育恩”，刻在其旁的颂词中的“不愁脂肉尽，惟恐小儿饥”，正是母亲此时心中所想与所愿。

母亲在盆中洗衣，身后站立一像（或为父亲），正抱着儿子在母亲头上逗乐，旁边一位男孩正持物逗乐小孩，母亲边洗衣物边回望着孩子，此为第七“洗濯不净恩”。旁边的颂词说道，孩子幼小时候多污秽，父母常为其清洗，而“父母年需日，谁供一勺汤”？

儿子长大成人，即将婚嫁之际，设筵席宴请亲友，母亲正挽袖下厨，杀猪办酒宴，此为第八“为造恶业恩”。其旁的颂词说“养儿方长大，婚嫁是寻常”，因为“筵会多杀害”，那么“罪业使谁当”？也就是说，佛教不主张杀生，为了不让孩子承担杀生的罪业，所以图中刻母亲亲自下厨杀猪办酒宴。

儿子成人之后自然要出门远行，成就自身一番作为，在离家出行那天，父母送了一程又一程，

为造恶业恩

远行忆念恩

父亲劝其母到此告别，母亲手肘部向其父推搡，似在埋怨其父多嘴。此为第九“远行忆念恩”。其旁的颂词中，有一句感人肺腑的话语——“恐依门庐望，归来莫太迟”，正所谓儿行千里母担忧，这正是父母牵挂在外孩子的真切实感，此情此景，令多少游子唏嘘感慨。

父母年老，仍担心儿子的言行举止，图中，父母并坐，父亲正用手指儿子做说教状，儿子跪在身前聆听教诲，此为第十“究竟怜悯恩”。其旁的颂词说“百岁惟忧八十儿，不舍作鬼也忧之”，也就是说，爱护子女是父母一生恪守的责任，即使百岁之际也不忘教育孩子。

在父母恩重 11 组雕刻的下方，还刻受刑场景的造像和经文、偈语等内容，如“知恩者少，负恩者多”这八个字，令世人在此生发无数感慨。又如“三千条律令，不孝罪为先”这句话，表明了佛教对孝道的高度重视。因此，在下方还刻有一些在地狱之中的不孝之人，正在遭受种种酷刑的造像。

上述组雕，父母一生抚育子女艰辛历程历历在目，其情其景，令人感慨不已！

其实，《父母恩重经》是一部流行在中国的疑伪经。佛教传入中国，由于其主张在六道之中“往来多所作，更互为父子”（法琳：《辨正论》，《广弘明集》卷十三，《大正藏》，第 52 册）、“沙门不应拜君亲”等思想和主张，历史上就发生过激烈争论，甚至于出现废佛事件的发生。其后，佛教不断吸收和融入中国传统文化思想，尤其是儒家的孝道观。最迟在唐代武周时期，出现了一部讲述父母恩德的佛经——《父母恩重经》，之后出现有《报父母恩重经》，并广为流布。之外，在敦煌还发现有大量的据经文改写的讲经文、佛曲（歌辞）等，如《父母恩重经讲经文》《十恩德》《孝顺乐》等，同时还出现大量的壁画、雕刻等经变相。在这些以佛教疑伪经为主雕刻的变相图中，将具有中国民族特色的孝道观念，在佛教文化中提升到一个新的高度，从而在其中看到具有民族特色和世俗生活场景的人生历程。而宝顶山此组雕刻，可谓是佛教文化与中国儒家文化高度融合的一个典型代表！

这组造像，生活气息极其浓郁，展现了祈子、生育、哺乳、送行等诸多世俗生活场景。每一组雕刻，都凝聚着父母对子女的深情厚谊和殷切期望，可谓是一曲真挚的人间父母之爱的颂歌！

宝顶山雷音图中，雷神为何为猪首人身形？

——南宋淳熙至淳祐年间（约 1179—1252 年）

在宝顶山大佛湾石刻中，如果说“父母恩重经变”与“大方便佛报恩经变”两部石刻造像，旨在告诉世人应该行孝道的话，那么，居于二者其间的“雷音图”，则是旨在告诫世人，不孝之人当受到惩罚。

雷音图，雕刻在高 7 米、宽 6.8 米的嶙峋不平的岩石之上，主要刻有风、雷、电、云、雨诸神以及一位天神等造像，他们依次并列而立。按照从东至西的顺序，分别为——

风伯：头戴幞头，飘衣扬袖，髯须怒张，足跨弓步，正挟持着一个巨大风囊置于左膝之上，风袋底部鼓胀，袋口微开，似在兴风。造像动作夸张，大有气吞万里之云的气势。

雷神：兽首人身，手持巨锤，正旋转猛击周边的七面连珠鼓。

电母：为妇人貌，表情威严，直立于云端，手持二宝镜，有电光从宝镜中央发出。

云神：为一男子，身披云罩，仰脸鼓腮，手指上方，做吐云布雾状。

宝顶山雷音图（局部）

风伯

电母

雨师：为一慈祥的老者，胯下骑一飞龙，左手端盘，右手持拂，做随云施雨状。

天神：位于右角壁，头戴软脚幞头，络腮胡须，身着圆领袍服，面侧向左，手捧“圣谕”，似正在观察众神惩罚罪人的情况。

在这些造像的下方刻有二人，一人仰天而躺，一人匍匐而卧，皆被熊熊火焰所围，面露恐怖痛苦之色。以示正在惩罚忤逆不孝之子。

龛内有 4 则铭文，其一为刻在天神手中的“圣谕”，有“敕烧煞五逆者”；其二为《古圣雷音霹雳诗》，内有“一自开辟至天地，得有千般万般鬼。就中罪恶说忽雷，隐在峨眉山洞里。若说忽雷人稀见，寓离口事三拳面。颜发黑赤似朱砂，横身黧黑如蓝靛。大王胯下狮子裩，牙如利剑口如盆”等。其三为一偈句，刻“雷音一震惊天地，万物生芽别是春”；其四亦为一偈句，刻“湛湛青天不可欺，未曾举动已先知。善恶到头终有报，只争来早与来迟”。

雕刻此龛的目的，从其毗邻左右的“父母恩重经变”和“大方便佛报恩经变”皆是提倡孝道的作品来看，其目的主要是为了惩戒那些不守孝道的世人，这从龛中造像的表现也可见。

此龛造像中的风雷电雨云等诸神，来源于古代传统的信仰，起源甚早，其后道教以及佛教的经典中，也多有出现。在这些造像中，雷神的头像表现甚为殊异。让我们再来仔细看看宝顶山此龛的雷神，只见他右手紧握一锤，正用力敲打着，似乎雷声不绝如缕，头向左望，为猪首状，长嘴大张，上嘴前端有猪鼻，其上有二孔，大耳下垂。从动作和器物等来看，这身造像明显为雷神。

雷神

但是，雷神的头像为何是猪首呢？这还得从雷神形象的演变说起。

早期的雷神，为兽形，据《山海经·海内东经》载："雷泽中有雷神，龙身而人头，鼓其腹。在吴西。"战国以后，雷神常与风、雨等神被称为"师"，如屈原《离骚》有"鸾皇为余先戒兮，雷师告余以未具"，透露出雷神的人格化。其后，雷神的形象被描述成多种，形象变化很大，出现

雷神头像

人头蛇（龙）形、头为鸟形的雷神。在西魏、初唐的敦煌壁画中，雷神形象为虎头、人身、鸟爪、臂生绿毛。还有头为猕猴的雷神，如在《西游记》中，经常见有人被孙悟空的形象所吓倒，不禁喊道“雷公”出现了。而小说《封神演义》中的雷震子，其形象在明清成为颇为熟悉的形象，即尖鼻，眼似铜铃，背生双翅。同时，雷神的职责也不断从其本职司雷扩大为代天执行刑罚，击杀有罪之人。在后世，有关这方面的传说，无论是在道教，还是在民间都是极多的。

在唐宋时期，猪首人身的雷神形象较多见于文献、实物资料之中。在唐代段成式《酉阳杂俎》、唐代李肇《国史补》、道教学者杜光庭的《录异记》、宋代《太平广记》等文献中，都有雷神头像为猪首的描述，如《酉阳杂俎》谓雷公为“猪首，手足各两指，执一赤蛇啮之”，此处的头像为猪首，另有雷神像鬼、猴等说法。又如《太平广记》卷394记载这样一个故事，在今天广东省沿海一带的雷州，有一人名陈鸾凤，“不畏鬼神”，当地人称为“后来周处”。因当地大旱，邑人祈祷而无反应，惹怒了陈鸾凤，他便持竹炭刀，以雷公所忌讳的祭物“黄鱼彘肉”“相和啖之”。果然不久，怪云升起，天上出现大雷电，空中隐约有物出现，于是便向此物挥刀而去，怪物便落在地上，“状类熊猪”，立刻道路血流四处，此时，天上的雷声更加厉害起来，一直持续到晚上才结束。而那位挥刀斩怪物的百姓，他家的房屋经常受到“天火”的灾难。后来，当地百姓每有旱情，便请陈鸾凤如法炮制，皆有云雨滂沱，如此20余年，“俗号称鸾凤为雨师”。此则故事虽有怪异的成分，但是为我们提供了雷神形象的文献。

近年来的学术研究表明，在唐宋时期的巴蜀地区墓葬中，作为墓葬主人的随葬品——“俑”中，出现有一种形象猪首的俑，其实他就是雷神。为什么在唐宋时期的墓葬中，会出现有猪首的俑呢？据研究，这可能与道教有关，在宋代的巴蜀地区，道教流行一种叫“雷法”的法术，通过此种法术可以获得很多的好处。道教在吸收传统信仰时，雷神亦不例外。因其职能的扩大，逐渐由一位形成了一个庞大的雷部众神体系。

结合文献和实物来看，大足宝顶山石窟中出现有猪首人身的雷神形象，与民间信仰和道教“雷法”盛行等有一定关系。

其实，作为猪首人身形象的雷神，在大足并非仅有此处，在晚唐时期雕刻的北山第9号造像作品中，正壁为千手观音，在两边有大量的神众，其中也有一身在12面连鼓中的造像，由于时间久远，虽有模糊，但是长嘴、大耳的猪首特征仍比较明显，结合历史上关于雷神头像的种种记载，应该是猪首的雷神了。而到了明清时期大足石刻中，雷神的头像基本上表现为尖嘴的猴像，且背上还有一对双翅。

回望雷音图，整龛造像形象生动，性格鲜明，想象丰富，刀法豪放，诸神大有凌空而至之感。匠师们用简单概括的线条，勾勒出了风、雨、雷、电疾飞猛打的磅礴气势，充分体现出艺术语言的简洁、凝练与传神。从位置上来讲，此龛造像位于两个以劝孝为主题的大型经变龛之间，为烘托“孝”这个主题起到了辅助、威慑的作用。

讲述释迦行孝的大型雕刻图：大方便佛报恩经变

——南宋淳熙至淳祐年间（约 1179—1252 年）

宝顶山大佛湾第 17 号大方便佛报恩经变，同毗邻的父母恩重经变一样，也是一组讲述佛教注重孝道的雕刻。

大方便佛报恩经变雕刻在高 7.1 米、宽 14.7 米的崖壁之上，居中是一尊气势宏伟的释迦牟尼半身像，高 3.7 米，肩宽 1.4 米，有螺髻的佛头顶部上，冒出一道毫光，在光中现一天宫，书“忉利天宫”。佛像身着袈裟，左手捧钵放于胸前，右手结印。在佛头左侧，刻天、人、地狱，右侧刻阿修罗、畜牲、饿鬼，它们为六道。龛檐之下，从左至右横刻宝顶山常见的 20 字偈语“假使热铁轮，于我顶上旋。终不以此苦，退失菩提心”。在半身释迦佛像的下方，有一块两米多高的石碑，额题“三圣御制佛牙赞”。此碑旧刻于庐山乾明寺，碑额中由三个“王”字重叠组成的字，即今天圣贤的“圣”字，“三圣”指的是宋太宗、真宗、仁宗三位皇帝。

宝顶山大方便佛报恩经变

半身释迦佛像

以释迦半身像为中心，在两侧雕刻有十二故事图，图旁有相关的碑刻记述造像内容。这些故事图，以左下侧“六师外道谤佛不孝”图作为开篇，以“大孝释迦佛亲担父王棺”作为终结。

“六师外道谤佛不孝”图中，以佛弟子阿难入城化缘为导线展开——

一日，释迦在阿阇崛山中聚众说法，弟子阿难入城化缘，于王舍城外遇见一青年男子，因供养父母家产荡尽，却仍平担着双目失明的老父母沿街乞讨。阿难正看得感动，有六师外道迎面而来（六师外道是指当时与佛教对立的六个哲学派别）。他们指着这个青年男子，用讥讽的口吻对阿难说：“你老师自称有大德，却舍弃双亲，丢下妻儿不顾，独自到深山修行，实在是一位沽名钓誉之徒，还不及这位乞丐有孝心！”憨厚忠实的阿难听了六师外道之言，半信半疑，神情尴尬地返回山中问老师：“佛家可有孝乎？”释迦道：“此话非尔等之言，该从何而来？”阿难道：“为六师外道之言。”于是，释迦牟尼召集三千大千世界诸佛菩萨，大放五色光明，为说《大方便佛报恩经》，以正视听。

六师外道谤佛不孝图

六师外道（局部）

吹笛女

这个故事就雕刻在左壁的最下层，从左侧开始，先为站立的阿难，只见他一脸的疑惑，面露窘态，双手合十于胸前，向佛诉说被六师外道嘲笑讥讽的缘由。其次是肩挑父母行乞的孝子。在这之后是六师外道，他们一边诽谤释迦牟尼，一边侧目微哂，手舞足蹈，击板踏歌，表现出各种生动活泼的体态。六师外道中有一尊优美的“吹笛女”。她头向左侧，纤手着笛，双目微闭，神情凝聚，正撮口横吹，独自陶醉在悠扬的笛声之中。吹笛女手上弧形弯管的笛子叫弓笛，它比直管笛子的音色更为浑厚柔和。这一组雕像，工匠们善于把握人物的特点，用凝固的雕塑语言，表达其内心的活动。

从六师外道谤佛不孝故事，接下来分别刻有 11 组释迦行孝的故事图，可分为本生和佛传故事。释迦牟尼的前生事迹为佛本生故事，生平事迹为佛传故事。由于石刻岩面的限制，这龛造像中的每一个故事，工匠师们都是只选取了其中的一个典型情节来概括故事的全部内容。

佛本生故事有“释迦因地割肉供父母”“释迦因地舍身饲虎”“释迦因地鹦鹉行孝”“释迦因地行孝剜睛出髓为药”等。如其中的“释迦因地割肉供父母”故事，讲述有一王一后和太子，因国内大臣谋反，便带着太子逃跑。半路上，所带干粮吃完，三人饥饿难忍。国王想杀王后来与太子分食，太子不依，表示愿在自己身上每日割下三斤肉来供养父母，并立下誓愿——如若心诚，刀伤马上平复，不然伤口溃烂而死。由于太子孝心至诚，所以他手臂上的肉割下来马上就复原了，使三人平安渡过了难关。这太子即是释迦前生。

佛传故事有“释迦佛诣父王所看病”“释迦亲抬父王棺”等。其中，“释迦佛诣父王所看病”讲述释迦之父净饭大王病疾，释迦闻讯赶到，以佛光照父王身，使父王病痛减轻。“释迦亲抬父王棺”故事讲述净饭王逝世入棺。据经书记载：当时要求抬棺者较多，但释迦为劝众生行孝，所以亲自为父王抬棺，并以香木火焚之，收骨建塔供养，以尽人子之道。这一组雕像的处理，也历来受到世人赞赏，“大佛湾这组画面里，只出现三人抬棺，三人送葬和棺辇的一角，其余

释迦亲担父王棺图

用香烟淹没消逝了，三个抬棺人共在一根抬杠下，处理也很巧妙，释迦在前，严肃庄重，第二人背向观众，头往里伸，双肩使力。第三人躬身，一手扶杠，脸部被杠挡住大部分，后两人处于‘配角’地位，姿态生动，又表现了棺辇的重量感，这些处理，以少胜多，生动简练，又突出了释迦的崇高形象”（王官乙：《大足石窟的艺术特征》，《大足石刻研究》，四川省社会科学院出版社，1985 年）。

从这些故事大致可以看出，这是一处极力弘扬释迦佛行孝的造像龛。据学者研究，这些故事“其实并没有完全依据《大方便佛报恩经》的内容所雕刻，而是截取杂糅了《涅槃经》《六度经》《杂宝藏经》《大般涅槃经》《佛说净饭王涅槃经》等经中有关释迦牟尼行孝的故事”。“因此，把此龛造像定为《大方便佛报恩经变相》不太确切，应定为《佛说释迦牟尼行孝变相》更为确切”。（谢生保：《从〈睒子经变〉看佛教艺术中的孝道思想》，《敦煌研究》，2001 年，第 2 期）

这龛造像，在雕刻技艺上，工匠们不但在布局、造型设计等方面颇多新意，而且善于通过人物的身姿、面容表情等，来刻画其内心，这其中，还创造出“吹笛女”这样的经典艺术佳作。这些造像内容，主要就是表现释迦行孝的故事，它与父母恩重经变一道，可谓都是佛教与中国孝文化融合的生动反映。

呈现出诸多新意的宝顶山观无量寿佛经变

——南宋淳熙至淳祐年间（约 1179—1252 年）

作为展现西方净土世界的造像题材——观无量寿佛经变，在石窟艺术中雕刻、绘画作品保存甚多，这些作品大多遵循着较为相近的图像表现模式。而宝顶山大佛湾第 18 号观无量寿佛经变，雕刻在高 8 米、宽 20.6 米的峭壁之上，是国内石窟寺中最大的一铺观无量寿佛经变造像，它不但展现出了佛经描述的内容，还以其诸多具有自身特点的表现形式，成为同题材具有代表性的作品之一。

观无量寿佛经变，简称为观经变，在宝顶山这处宏伟的造像龛中，西方三圣和“三品九生图”占据大部分的崖面，由此也大致分为上下两个部分。上层部分，居中为阿弥陀佛，头有螺髻，双手结印，额部发出两道毫光，横贯全龛。两侧分别有观音和大势至菩萨，尺寸略小于中间主尊。观音

观经变上部观音像

宝顶山观无量寿佛经变

头戴花冠，冠中站立佛像，左手托钵，右手持杨柳枝。大势至头戴花冠，冠中有净瓶，左手托贝叶经，右手结印。在西方三圣之间，还各有一尊菩萨，其头顶上刻有楼阁，其中，左侧楼阁额上横刻“大宝楼阁”，右侧楼阁额上横刻“珠楼”，这两处楼阁内都刻有佛像。西方三圣等几尊佛菩萨造像，皆是作半身像的表现方式。在这些造像周围，还有飞天、鸟、十方诸佛等造像。

在西方三圣的下方，刻一栏杆，蜿蜒而作七折，有七根立柱，每一立柱之上站立着脚踏莲花的童子，手中持有鼓、笛、拍板等乐器。

上品上生图

三品九生图菩萨像

迦陵频伽

栏杆之下，为占据大部分崖面的“三品九生图”，主要表现的是众生前往西方极乐世界不同的方式。据佛经记载，到达西方极乐世界的方法，众生只要持念阿弥陀佛的名号，在临终的时候，阿弥陀佛或者菩萨等就会出现，接引众生到达净土世界之中。不过，并非人人都有相同的待遇。“三品九生图”就图文并茂展现了接引的方式，它一共刻有九组佛和菩萨的造像，在其旁的碑上刻有相应的铭文。位于正中的上部是“上品上生”，修行者进入净土世界时，西方三圣等佛和菩萨亲至修行者前，接引其往生佛国。而“下品九生”，生前不做善事，有众多罪孽，命终之时称念无量寿佛，将进入净土世界的莲花之中，经历十二劫，莲花方才开放，观音和大势至菩萨为其说法灭罪，而听闻者随即发菩提心。

在“三品九生图”中，有一尊人首鸟身的造像，它表情庄严而肃穆，双手恭敬地在胸前合十，给人一种极为虔诚的感觉，在它的肩后，生长着一对似乎正在空中飞翔的翅膀，这尊造像题材在佛教中称为“迦陵频伽”。迦陵频伽是佛教中的一种神鸟，造型多为人首鸟身，其声音美妙动听，婉转如歌，所以又有“美音鸟”之称。《佛说阿弥陀经》中称西方极乐世界中“有种种奇妙杂色之鸟：白鹤、孔雀、鹦鹉、舍利、迦陵频伽、共命之鸟。是诸众鸟，昼夜六时，出和雅音”。也就是说，像迦陵频伽这些在极乐世界中的神鸟，不分白天黑夜，发出优雅的美音，它们都是阿弥陀佛宣扬佛法时所变化的。在这龛造像中，营建者不但给予了迦陵频伽浓厚一笔，还在设计上极具匠心，由于“半人半鸟” 是迦陵频伽造像中一个极具有特色的地方，雕刻匠师没有表现出鸟脚之类的痕迹，以张开双翼正在翱翔的翅膀和下半身采用裙装掩饰的办法，巧妙地展现出这一特点。

在西方三圣和“三品九生图”两侧，按照之前石窟内的观经变图像，表现的是韦提希十六观的故事，如在大足北山晚唐第245号观经变中即是如此，左右各分为8个小图，分别表现“十六观”，每一观中都有韦提希的形象。而在这里，却一改之前的图像模式，每一观都是不同的人物形象，如日观为一女像，水观为宝顶山常见的鬈发人，总观为一武士半身像，上品观为一比丘等。在每一观中，不但刻有每观之名，还刻有颂词，如水观的颂词为“禅心澄定水，坚住即寒冰。一片常清静，光明直下生”，这在之前观经变十六观的表现中，殊为少见。

这龛造像，与之前的观经变相比较，在雕刻设计与艺术上呈现出一些新的特点。

观经变童子像

一是追求新意，在设计上力求异于之前同题材的作品。与之前绝大多数观经变相比较，这龛造像对于净土世界的表现相对较少，而是主要表现在“三品九生”这一方面，通过图文并茂的形式，以此起到向信众宣扬教义的作用。之外，两侧的十六观，一改传统为韦提希贯穿全部的做法，改为社会各个阶层的人物，而这些人物，从其容貌和服饰来看，基本上都是当时社会的不同人物，上至官员，下至庶民，且男女皆有，这样处理，更能促进与激发信众对教义的信奉，由此也可见宝顶山营建者对世俗人物的注重。而这些世俗人物，不像之前十六观处于规规矩矩的方形格之内，“而是利用龛边的空隙，犬牙交错地刻出了韦提希的十六种冥想境界，每一境界都用流动的云彩隔开，这是吸收了古代绘画的布局方法，使得这些日、月、水、池、树等观的情景更富于诗意”（温廷宽：《大足佛教摩崖造像的艺术价值及其现况》，《大足石刻研究》，四川省社会科学院出版社，1985 年）。

观经变童子像

另外一个方面，那就是雕刻技艺精美，精品迭出。整龛造像，雕刻大大小小造像共计约百余尊，佛与菩萨慈悲低目，倍增怜悯之心。十六观中那些世俗人物，正在虔诚的沉思。翱翔的迦陵频伽，显得虔诚而笃定。在这中间，尤其值得提及的是那些生动、可爱的童子像。西方三圣下方栏杆站立的七身持乐器童子，隔空独自吹奏着擅长的乐器，眼神之中透露而出的是完全沉浸于其中的感受。在“三品九生”中，雕刻有众多的童子，或背对观者正在默想；或在欲绽放的莲花中现出头顶，欣欣然张开双眼；或攀爬在栏杆之上眺望……这些童子像大多天真活泼，为整铺造像增添了无限的活力和欢乐的气氛。

尽管宝顶山观经变在展现净土世界上，与之前同题材作品表现较少。但是，其颇具新意的创造性，以及雕刻精美的这些特点，不失为国内观经变的代表作之一。

石窟艺术同题材登峰造极之作：宝顶山地狱变相

——南宋淳熙至淳祐年间（约 1179—1252 年）

说起地狱，世人又熟悉又陌生。这熟悉，是因为其常在书籍、艺术作品以及日常闲话中出现。说其陌生，则是因为它在听闻或书籍叙述中出现而已。

佛教经典中，也有关于地狱的种种记载，早在东汉安世高所译的《十八泥犁经》中，地狱就分为十八层，合称为十八层地狱，十八层地狱的“层”不是指空间的上下，而是在于时间和内容上。后世的艺术家根据社会现象和场景，极力发挥自身的想象力，创作了大量的有关地狱的艺术作品。如据《历代名画记》记载，唐代著名画家吴道子就曾创作过专门以地狱为题材的作品《地狱变》。

在大足石刻之中，地狱的场景和人物，在宝顶山营建之前的佛道石刻里，雕琢的题材较少，且规模较小，基本上是几身地狱人物的造像作为代表，如北宋石篆山地藏与十王龛中的牛头和马面。

宝顶山地狱变相

地藏王菩萨

宝顶山大佛湾编号为第 20 号地狱变相的出现，不但将大足石刻地狱题材推向巅峰，而且还是国内同题材造像规模最大的一龛造像。

这龛造像，雕琢在高达 12.8 米、宽 19.4 米的崖面之上，整个造像可分为四层。其中，全龛的主尊为庄严而悲悯的地藏菩萨，居于上部两层中部，他头戴花冠，左手捧如意珠放于膝上，珠内发出六道毫光，分上下和左右射出；右手于胸前结印。地藏左侧站立一位手持锡杖的比丘，右侧站立双手捧钵的比丘尼。

从上而下的最上层，为十方诸佛，他们结跏趺坐在 10 个圆龛之内，容貌近似，唯手中结印有所不同。

接下来的一层，刻地狱中的十大冥王。他们分列在地藏王菩萨左右两侧，坐在案几之后，左侧为阎罗天子、五官大王、宋帝大王、初江大王、秦广大王和现报司官；右侧为变成大王、太山大王、平正大王、都市大王、转轮圣王和速报司官。他们正襟危坐，一派正审讯罪人的严肃模样。在案几正面，不但刻有每王的名号，还有颂词。在十王之间，还站立有判官，抱着罪人的名册，似正在核实亡人所造之罪孽。为保证地狱审判的公正，还有两种设施，分别是刻在左右的业镜和业秤，业镜能放出罪人生前的行为，类似现在的摄像机；业秤能衡量罪人的罪行。

地狱场景（局部）

镬汤地狱

锉碓地狱

下面两层，主要雕刻是罪人受刑的“十八层地狱”：在刀山地狱中，一瘦骨嶙峋的受刑者，足踩刀尖，手攀刀刃艰难前行；寒冰地狱中，几位仅穿三角裤的男子，手脚缩成一团，正冻得瑟瑟发抖；锯解地狱中，受刑者被倒挂在刑架上，一牛头和一小鬼正准备上下拉动放在臀上的刀锯；铁轮地狱中，一位狱卒正用力推拉着巨大的铁轮，来回在一受刑者的背上碾压……凡此种种酷刑与惨状，令人不寒而栗、不敢久视。

龛下部左侧，有一组十八层地狱之一的截膝地狱雕刻，分四组造像，第一组为醉酒图，刻酒后父子、夫妻、兄弟、姊妹之间不认识的情节；“夫妻不识”图中的中年男子，斜袒上衣，眼神迷离，一手抓住妻子头发，行走不定；在“父不识子”图中，父亲袒胸露乳坐在石台上，儿子在旁问候，父亲侧脸一边毫不理睬。第二组刻尪崛摩罗酒后杀父、淫母等情节；第三组刻沽酒图，一卖酒的槃陀女手捧酒瓶，身旁一男子手捧酒具正向一位世俗中人劝酒；第四组刻罪刑图，刻一女像，赤裸上身，头无鼻孔、双目、双耳，手无十指，脚无双足，旁边一头发竖立的鬼卒，手持刀正在向受刑者截其双膝，左边有一位戴枷锁的罪人。按照旁边的碑刻所说，这其中的罪人不仅有喝酒之人，而且劝酒和买酒的人都要下地狱，如那边向比丘敬酒的温文儒雅的男子和稚气未脱的沽酒槃陀女，最终将受到第四组罪刑图“截膝”的惩罚。

而在这狰狞恐怖的地狱场景中，却出现一位娴静、温和的养鸡女，她衣着朴实，似乎在一个清晨之际，正轻轻地掀开鸡笼，两只小鸡已经跑出正在争抢一条蚯蚓，还有几只小鸡正争先恐后地想挤出鸡笼，一派农家生活气息从崖壁上油然而生。不过，在这身造像旁边的经文碑刻中，刻着“养鸡者入于地狱”，不由得令观者生发几许感慨。但是，朴实无华的此尊雕像，可谓是当时大足一带民间女子的真实写照，具有一种质朴的世俗之美，由此成为大足石刻世俗化艺术特色的一尊代表作品。

截膝地狱

养鸡女

在下部中间，站立一尊造像，他头着鬈发，左手执经卷，右手作说法印，据考为宝顶山营建者赵智凤的造像，在其身后有三级宝塔，塔上刻有经文和偈语，其中，“吾道苦中求乐，众生乐中求苦”一句，正是赵智凤以佛法拯救世人宏愿的体现，这也是他持之以恒雕琢宝顶山石刻的内在精神动力。

寒冰地狱

宝顶山地狱变相，整龛造像雕琢在大幅面的险峻崖壁之上，其规模之大，这在大足石刻中都极其少见。丰富的想象力，是此龛雕刻的一个重要特色，特别是地狱中受刑的表现，雕刻匠师们可谓是极尽想象之能事。你看，那寒冰地狱中的受刑者，簇拥在一起，面部表露出受到冷寒的惊颤状，加之手骨尽显，令人一看就觉寒气袭来。这样的雕塑作品，既有来源于古代贫寒人家生活写照的成分，也有雕刻艺术家的创造。

世俗化的艺术表现，成为此龛备受世人称道之处。这其中，养鸡女与宝顶山石刻中的吹笛女、牧牛图、父母恩重图等一道，成为大足石刻世俗化的经典作品。之外，你看那截膝地狱中的劝酒、微醺、大醉等场景，正是当时社会生活中的真实反映。这其中，那微醺的男子，轻微细闭的双眼，略微向右上昂的头颅，加之衣衫不整的形象，把一位酒醉的男子表现得淋漓尽致，让人不由得赞许雕刻匠师细致的生活观察力和精湛的技艺。

宝顶山地狱变相，造像面积之大，展现场景之丰富，雕刻艺术之生动，被誉为“是石窟艺术史上这类题材造像殿后的一铺内容宏富、表现成熟的艺术珍品”（《石窟遗存〈地藏与十佛、十王、地狱变〉造像的调查与研究》，陈明光：《大足石刻考察与研究》，中国三峡出版社，2001 年）。因此，也可谓是我国石窟艺术同题材的登峰造极之作！

密宗流传的实物见证：宝顶山柳本尊行化图

——南宋淳熙至淳祐年间（约 1179—1252 年）

历史的细节，有时候可以大致地推理与猜想。如或许是在公元 1179 年的某一天，一位年轻的僧人行走在乱石嶙峋的宝顶山沟壑之中，在他心中，反复地想起昔日在成都弥牟求法的日子，特别是那位素未谋面，但又总浮现在他面前的柳本尊居士的故事，令他难以忘却。他想：一定要把这位居士的事迹铭刻在这里。

柳本尊像

多年以后，一龛讲述柳本尊事迹的大幅雕刻图，出现在宝顶山大佛湾的峭壁之上。

宝顶山柳本尊行化道场

这龛造像位于大佛湾北崖的末端，左侧为地狱变相，右侧为嶙峋的岩石。造像宽达 24.80 米，由上而下分为四层（含十大明王像），高达 13 米多。这其中，高达 5.2 米的柳本尊像是全龛的中心。柳本尊像占据上部崖面的正中，其形象为居士的装扮，头戴四方平顶巾，其正面有毗卢佛坐像，本尊左眼微张，右眼微闭，左耳残缺，左臂残缺，空袖搭在盘膝上，右臂在胸前结印。这一图像特点，与龛内的其他人物的造像极为迥异，这与柳本尊修行的方式密切相关。从柳本尊头巾有毗卢佛像等图像特点来看，他已经修行成佛。在本尊像旁，刻有文殊和普贤两位菩萨。

柳本尊行化图“割耳”

在龛顶上部，从左至右横刻“唐瑜伽部主总持王”数字。在其下的第一层，刻“五佛四菩萨图”，居中为毗卢遮那佛，两侧各有二佛二菩萨，均坐在圆龛之内。

再下一层，刻柳本尊行化的事迹图，一共有 10 组，每一组都有柳本尊，还有相关的事迹铭文，它们被称为“十炼图”。这 10 组造像中铭文的前面，刻有序号和该事迹的名称，由此可知，分别有炼指、立雪、炼踝、剜眼、割耳、炼心、炼顶、舍臂、炼阴、炼膝这 10 个事迹图。据此行化图和宝顶山小佛湾《唐柳本尊碑》等资料记载，柳本尊（855—942 年），名居直，是晚唐时期嘉州（今四川乐山）人，自己开创了瑜伽密教，在汉州弥牟（今成都青白江地区）设立中心道场，四方道俗云集其座下，以自残肢体、苦行劝化，弘扬密教于两川，号“唐瑜伽部主总持王”。然而，关于他的事迹，在诸多正史文献中基本上未见其记载。宝顶山的这龛造像可谓是图文并茂地记载了柳本尊行化的事迹，自然弥足难得。柳本尊“十炼图”选取了他修行的 10 个事迹，对于了解柳本尊生平、信仰、影响以及图像等多方面，都具有重要的史料价值，如“第二立雪”，记载他于光启二年（886 年）十一月，游峨眉山瞻礼普贤菩萨，此时“大雪弥漫，千山皓白”，本尊便在大雪中“凝然端坐”，6 年后修行成道，感普贤菩萨现身为其证明。该故事图刻柳本尊头不着冠，双手合十盘膝端坐在雪山之中，其旁有普贤菩萨。又如“第五割耳”，记载本尊亲身前往金堂一带“行化救病”，受到“诸民钦仰，皆归正教”，本尊于天福四年（939 年）割耳供养诸佛，感浮丘大圣现身以为证明。图中，刻本尊盘膝端坐，左手执左耳，右手持一把戒刀放于左耳边。在柳本尊的修行事迹中，多有自残的修炼方式，除此之外，还有“第四剜眼”“第八舍臂”等，所以，在柳本尊的图像中，基本上是缺左臂、眇一眼、左耳残缺等。这些事迹图中，还记载有柳本尊的信奉者，其中多次提及当时的蜀王，如“第八舍臂”中有“蜀王叹异，遣使褒奖”，“第九炼阴”中有“蜀王叹服”，“第十炼膝”中有“蜀王钦仰已久”等，可见柳本尊在当时影响较大，连蜀王也甚为钦仰。

在柳本尊行化事迹中，还不乏提及其他一些人物名字，其中有世俗里巷的民众，如丘绍夫妇和他们的两个女儿；也有一些官吏，如汉州刺史赵君等人。这些人物的形象，被宝顶山的营建者设计在其下的第三层。这一层一共刻有 17 位人物，有手持长柄香炉的老者，有持净瓶的中

柳本尊弟子像

年妇女，有向上斜持宝剑的武将，有双手捧经盒的中年男子等。从这些人物的服饰来看，他们都是身着世俗的服装，被刻在柳本尊下方，应是本尊教法的信奉者。

再之下一层，为十大明王像，由于其未雕琢完毕，在宝顶山具有极其独特的价值，待另文叙说。但是有一点值得注意，最初设计者的用意，从同处于一崖壁之上、造像内在联系等多方面来看，十大明王应属于本尊事迹图的一部分。

从这龛造像可见，当时柳本尊在巴蜀一带影响很大。难怪，200 多年后，大足米粮里出生的赵智凤，听闻柳本尊事迹之后，便在 16 岁之时，西往成都弥牟求取柳本尊的佛法，3 年学成之后，回到大足，从而开启宝顶山大型密宗道场的营建，这其中一个造像题材，就有当时赵智凤心中期许已久的柳本尊行化事迹图。

那么，柳本尊弘传的是什么佛法呢？据研究，柳本尊所奉行的教法为佛教的密宗一派，据中国佛教史叙述，中国的密教传自开元三大士，也就是唐玄宗开元年间三位印度僧人善无畏、不空和金刚智，他们来到中国传教，并创立中国佛教密宗。最初密宗主要盛行于黄河流域一带，至空海东传日本后，瑜伽密教便流传于日本，而汉地密教则因为会昌法难和五代变乱，渐至绝响。其后，在巴蜀地区有柳本尊弘化密教，从而延续其教法。再之后的南宋，有赵智凤于弥牟求法后，回到大足宝顶山弘扬密教，从而使得密教得以再延续。而宝顶山的碑刻、造像，是柳本尊、赵智凤弘传密教的实物见证。

然而，赵智凤并没有完全师承柳本尊的教法，而是兼容并蓄、推陈出新，从而开造了囊括佛教诸多教义，并蕴含三教文化特点的大型密宗道场。特别是有一点值得一提，那就是柳本尊采取自残的修行方式，赵智凤已完全摒弃，这一点，可从宝顶山遗存的赵智凤自身形象的造像可见。对于赵智凤而言，更多的是秉承其师坚韧不拔的毅力与精神，所以，才有长达 70 余年清苦营建宝顶山石刻，才有今天所见到的一座大型石窟艺术殿堂。

伫立在这处崖壁之下，不禁回想起 800 多年前诸多的场景和声音，这其中，或许就有赵智凤与雕琢的匠师们，反复讨论与斟酌的话语；也或许有赵智凤仰望着雕刻即将完工时，激动的内心不由自主表露在闪耀的泪花之中……时光可以带走一代人的身影，但是带不走铭刻在崖壁上的诸多历史记忆。

一曲浪漫的田园牧歌：宝顶山牧牛图

——南宋淳熙至淳祐年间（约 1179—1252 年）

“‘牧牛图’这一块雕刻是幅杰作。”1992 年 11 月 5 日，敦煌研究院段文杰院长在大足石刻研究会第三届年会上，说大足石刻的诸多特点时，特别提到其中一个特点，就是“牧牛图”的雕刻艺术与境界。随后，他还说“这个图我看了之后深有感触，而且雕刻得非常之好，在山岩上利用自然环境雕刻得非常好，这无疑是一幅杰作”（《大足石刻研究文选》渝内准印【95】164 号，1995 年）。

编号为第 30 号的牧牛图，出现在宝顶山大佛湾一长达近 30 米的岩面上，沿起伏不平的崖面，如同连环画般雕琢 12 幅画面——

宝顶山牧牛图

牧牛图第一组

牧牛图第二、三组

牧牛图第四组

牧牛图第五、六组

在图首，刻“朝奉郎知润州赐紫金鱼袋杨次公证道牧牛颂”，也就是说图中的颂词是杨次公所作，造像的依据也来源于此。接下来为牧牛的场景。首先是雕刻一头牛受到惊吓，正在向山上疾奔，一位小牧童用尽他全身的力量，想把牛往回拉，一条绷直的绳出现在人、牛之间，旁边题刻的颂词称道“突出栏中不奈何，若无绳绻总由他”。

紧接着的第二图，身背斗笠的牧牛人，左手紧紧地用力牵牛绳，右手举鞭欲向牛挥，牛头向左略微回首。其旁的颂词漫漶不清。

第三图中，牧童左手举鞭，右手牵牛绳，此时牛绳已经松软在地面，牛从山崖之上斜驰而下，可见牛已回过身来。颂词说道“芳草绵绵信自由，不牵终是不回头。虽然暂似知人意，放去依前不易收”，也就是牛需要牵才能回首，但仍不能放掉牛绳。

第四图，牧牛人一手牵牛，一手扶斗笠，此时手中鞭子已不见，可见牛稍显温顺，你看那牛绳已经松软，似乎可有可无，不过旁边的颂词却提醒牧牛人“取放未能忘鼻索”。

第五、六组图，被营建者巧妙地设计为一幅图，雕刻两位都在放牧的牧童正在把肩寒暄的场面，似乎正在说到兴致之处，两位牧童不禁面露笑意，一般称此处造像为“并肩耳语”，靠在牧童身边的一头牛，斜着牛首，似乎正在偷听他们的谈话。其中的一句颂词说道“放去收来只自由”，可见牛此时可以任意牵住。

第七组，牛已无鼻绳，似乎自由自在，站立的牧童手中提着空绳凝视远方。但是，题刻称道“涧下岩前无定止，朝昏不免要人寻”，可见牛还是有些任性，还是需要牧牛人把持。

第八、九组图中，一位银须飘逸的老年牧人，正沉浸在自己的笛声之中，笛声引来仙鹤，亭亭站立于山崖之间，而那位年轻的牧童，一副似乎正在沉醉于笛声的模样。此时，牛鼻仍无绳，正独自仰首畅饮山泉。其中一句颂词说道“放者无拘坐石巅”，可见放牧人此时渐渐进入无拘无束的状态。

第十组图，牛干脆自己做着自己的事，而牧童则悍然大睡，甚至于一只树上调皮的猴子，正伸爪试着摸牧童的衣袖，而牧童一点也没有警觉。所以，旁边的诗说“高卧烟霞绳放收，牧童闲坐况无忧”，也就是人和牛，都可以各自干着自己的事情，相安无事。

牧牛图第七组

牧牛图第八组

牧牛图第九组

牧牛图第十组

紧接着这十组图，雕刻的是《祖师说法图》和《明月图》。《祖师说法图》雕刻结跏趺坐的祖师像，头饰鬈发，双手在胸前结印。在龛顶上有一方碑，刻“无牛人自镇安闲，无住无依性自宽。只此分明谁是侣，寒山竹绿与岩泉”。在其旁还有宝顶山多见的20字“假使”偈。《明月图》刻一方桌，其上仰莲托一方碑，碑中刻一轮圆月，碑刻中有一偈颂，为“了了了无无所了，心心心更有何心。了心心了无依止，圆炤无私耀古今。人牛不见杳无踪，明月光寒万象空。若问其中端的意，野花芳草自丛丛”。

实际上，这幅看似简朴的雕刻，却寓意深长，它借用牧人驯牛经过，以牛喻心，以牧人比修行者，来表现佛门弟子“调伏心意”的禅观修证过程。你看，最初修行者心烦意乱，内心如同背道而驰的牧牛一样，需要约束，这时候，牧牛人一手持鞭，一手紧紧拽住牛绳不放。渐渐地，修行者内心走向平顺，牧牛人与牛显得友好相处，不过，牛绳仍需牵拽，即便是放开牛绳，牛仍需要牧牛人寻找。之后，修行者达到人牛各自相处无碍的境地，已无须担忧牛的去向，这一点，在其后的《明月图》诗中即可证明，诗句“人牛不见杳无踪”，说的就是人与牛均不见，物我双忘；“明月光寒万象空”，一轮明月之下，万象空寂，天也空，地也空；“若问其中端的意，野花芳草自丛丛”，如果你要知道修行者得到开悟之后，是何等的美妙，那就去问那茂盛的一丛丛野花吧！这首“明月图”诗，正是修行者不执着一物（心无所住），随缘自在的领悟。

佛教中的一些教义，常人难于理解，佛教人士常以譬喻来描绘，其中以牛去比喻禅，从印度的佛典到中国禅宗的“公案”、居士的诗作等，屡见不鲜，尤在宋代更是盛行，作品尤多，如清居禅师的《牧牛图颂》12章、郭庵禅师的《十牛图颂》等。但宝顶山牧牛图，刻造像的依据为“杨次公证道牧牛颂”。据研究，杨次公，名杰，其生平在《宋史·文苑传》中有记载，说他“元祐中为礼部员外郎，出知润州，除两浙提典刑狱，卒年七十，自号无为子，有文集二十余卷，《乐记》五卷”。但是在传世的《无为集》中，却未见有《牧牛颂》。不过，相关的史料显示杨杰信佛，如其好友苏轼在《介亭饯杨杰次公》中，有诗句说“在家头陀无为子，久与青山为弟昆”。

祖师说法图

明月图

牧牛图“并肩耳语”

之外，佛教文献《佛祖统记》也记载有杨次公信佛的事迹，而且还与禅宗僧人交往甚密。由此来看，杨次公撰写此《牧牛颂》当在情理之中，而此石刻，正可以弥补史料记载的阙失。

在宝顶山大佛湾中，雕琢在天然石壁上的牧牛图，其表现手法奇异，巧借凹凸不平的崖壁地形，雕刻出种种自然场景的画面，倍增牧牛场景的田园情趣，再现了昔日牧牛生活场景；同时，又巧妙地展现出禅宗调伏心性的道理，以其朴实、自然并蕴含禅意的特色，不失为一龛隽永的艺术佳作。尤其特别是其间的牧牛人和牛，尤为世人称道，对此，有学者这样描述道：“在一幅翠崖云绕、林泉清幽、鸟鸣猿啼的图景里，凿刻出神形并具的十个牧童，放牧着十头耕牛：牛有怒吼狂奔者，有勉强回头者，有渐次调伏者，有饮水舔蹄者，有任意步游者，有依崖而息者，或野或驯，其状非一；人有用力牵制者，有挥鞭策发者，有延首凝视者，有并肩耳语者，有牧歌高奏者，有偃卧无心者，或劳或逸，情态各异”（《大足宝顶山石刻“牧牛图颂”——中国石窟艺术仅此一刻》，陈明光：《大足石刻考古与研究》，重庆出版社，2001 年）。所以，段文杰先生来到大足，说“这无疑是一幅杰作”。

“牧牛图”，可谓是一曲雕刻在崖壁上的浪漫的田园牧歌！

大足石刻最大的造像洞窟：宝顶山圆觉洞

——南宋淳熙至淳祐年间（约 1179—1252 年）

每一次，当我缓慢地走进宝顶山圆觉洞，静静地环顾四周，都有一种恍若置身于艺术圣殿之中的感受。

每一位第一次来到圆觉洞外的世人，稍一仰首，眼前便可见一个巨大的石洞，似乎具有一种无法阻挡的吸引力，不由得继续迈起前行的步履。循着两侧碑刻荟萃的石壁，踏着甬道下方凹凸不平的数步石梯，前方似乎不见一丝光线，便更加缓慢放轻脚步，小心翼翼走进圆觉洞之内，眼前似乎一黑，不由得立马驻足片刻。

一束光，渐渐地在幽深的洞窟之内出现，很快，窟内的造像便次第呈现在眼前，才发现自己置身于一个进深长 12.13 米、高 6.02 米、宽 9.55 米的洞窟之中。在视线的正前方，一尊背向的造像最先出现在面前，令人不由得走向前侧身而视。这是一尊高 1.3 米的圆雕菩萨跪像，头

宝顶山圆觉洞

正壁三佛和问法菩萨

略微低垂，双手合十，静静地跪在莲台之上。这尊像前，便是一长 4.08 米、宽 1.06 米、高 1.27 米的供桌，桌上摆放有三个供盘，盘内盛有葡萄、蟠桃、石榴等果物。再之前为洞窟的正壁，雕刻的是三尊端庄古朴的佛像，中间为毗卢佛，左为阿弥陀佛，右为释迦牟尼佛（也有著述认为中为毗卢佛，左为卢舍那佛，右为释迦牟尼佛等说法），基本上接近于圆雕。在左右转角处，各有一身站立的男像，左像身着袈裟，双手结印于胸前；右侧像头戴方冠，双手捧朝笏。在左右壁，主要雕琢 12 身菩萨像，左右各有 6 身，也基本上是圆雕，他们均头戴花冠，身着薄衫裙，胸前密饰璎珞，坐在四脚的金刚座上。12 位菩萨头上方各自升起一朵祥云，云中现一身佛像，或坐或立。在 12 位菩萨像前，刻一长供桌，为仿木架镶板式样。

这窟造像依据《圆觉经》雕琢，《圆觉经》是大乘佛教的重要法典。圆觉，即圆满的觉性，大意为修行功德圆满之义。经中介绍文殊师利菩萨、普贤菩萨、普眼菩萨、金刚藏菩萨、弥勒菩萨、清净慧菩萨、威德自在菩萨、辨音菩萨、净诸业障菩萨、普觉菩萨、圆觉菩萨、贤善首菩萨 12 位大菩萨（又称十二大士），先后向佛问法，佛宣说了大圆觉的妙理。该经在后世流播甚广，也对佛教艺术产生了较大的影响，今山西长子县法兴寺十二圆觉菩萨，为北宋时期的作品，为国内十二圆觉菩萨年代较早的遗存。在巴蜀地区中，十二圆觉菩萨的造像遗存主要有四川内江圣水寺、安岳圆觉洞等处。而大足宝顶山此窟造像，可谓是该题材的代表作品造像，窟左右两壁的 12 位菩萨，即为经中叙述的 12 位菩萨依次向佛问法。所以，在甬道处，刻有“报

右壁菩萨像

右壁菩萨像

恩圆觉道场”数字。

不过，窟内正中还有一身圆雕的问法菩萨像，如此一来，窟内则有 13 身菩萨像，与经典所述不一致。实则不然，此为雕刻匠师巧妙设计之处，若雕刻一身问法菩萨居于窟中，则窟内的十二圆觉菩萨在两壁就少一尊，缺乏对称的整体美。此种设计，不见于其他同题材的造像，可谓是宝顶山圆觉洞的一绝。这尊菩萨像的设计与艺术也历来备受称道，如有学者文中叙述道：“他的头部略向下低，眼皮也下垂，嘴唇紧闭，合掌当胸，那种恭敬虔诚的心情状态，被刻画得相当深刻。这是非常新奇的创造，用戏剧性的手法来具体说明答问法的情节，使这一洞窟增加了动人的生活意味。”（温廷宽：《大足佛教摩崖造像的艺术价值及其现况》《大足石刻研究》四川省社会科学院出版社，1985 年）

来源于经典，又不拘泥于经典，是宝顶山众多造像龛窟的一个显著特点，圆觉洞的造像除窟中问法的菩萨像之外，还有一些造像令学者争论不一。如正壁 3 身佛像左右两侧的站像，大多数学者认为是柳本尊和赵智凤像，他们替代了之前常在佛像两侧出现的阿难和迦叶。这一设计，带有浓厚的营建者自身特点。

圆觉洞的佛、菩萨以及装饰题材等的雕刻技艺娴熟而洗练，如那些仿木结构的供桌，完全可以以假乱真，似乎轻轻一敲打，就会发出木料的回响。造像背后的石壁之上，峰峦叠翠、流水潺潺，亭台楼阁，各自成景，给人以山水画之感，这些背景与佛菩萨像融于一体，显得非常协调。特别是十二圆觉菩萨雕琢技艺娴熟，他们坐在紫竹丛生、山石交错的崖壁前，面容宁静中充满智慧和慈祥，姿态自然，身上的璎珞、披帛，柔和而流畅，久久观赏，似有随风飘动的感觉。所以，有著述这样说道：圆觉洞“佛、菩萨相貌丰润，神色肃穆温和，姿态动作各不相同，衣饰褶襞的祈福转折、疏密聚散，均非常讲究，堪称大佛湾造像中精美完善之作”（陈少丰：《中

左壁菩萨像

国雕塑史》岭南美术出版社，1993 年）。

静静地在洞窟内闲步，似乎万籁俱寂，忽然，一声“叮咚”的滴水之声，敲破了这寂静。原来，这声音的来源，是窟内巧妙设计的排水系统所传出。在右壁上部嶙峋的山石中，刻着一隐藏的水渠，前部雕一龙头，下刻一手托钵的僧人，浓眉腮胡，头戴僧帽，一手扶岩，一手上举圆钵。水从龙头顺势流下至钵内，再沿此注入暗沟排出洞窟。所以，在雨季之时，常可听见清脆的“叮咚”滴水声，不由感到古代匠师的巧夺天工之技能，此可谓洞窟的再一绝。

托钵僧

久久伫立在窟中，光线似乎越发明亮，只见一束光，从洞窟甬道上部天窗射来，直接落在问法菩萨身上。原来，匠师们在进入洞窟的甬道上部，开凿了一个长方形的天窗，这样一来，阳光可以直接照射入洞窟之中，倍增神秘感，此可谓洞窟设计者对采光的巧妙运用。

在大足一地，石刻造像大多雕刻在露天的崖壁之上，而作为大足石刻洞窟造像中体量最大的圆觉洞，却是在一巨石之中雕琢完成，自然，工程量之大可想而知。但是，营建者似乎对岩石非常熟稔，不但在其间雕琢出如此精湛的造像，还融采光、排水等巧妙设计于其间，这在中国石窟艺术中都是难得一见的佳作！

明王像前的狂想：宝顶山十大明王龛

——南宋淳熙至淳祐年间（约 1179—1252 年）

小时候，站在宝顶山那未雕刻完工的十大明王像前，总有一种做噩梦的畏惧感。及至对大足石刻这座有晚期石窟艺术代表之美誉的宝顶山，越来越觉得痴迷的时候，我才发现那未雕刻完工的明王造像，一直是心底的一个结，一个再也无法甩掉的结，一个似乎解不开的结。

在这些未雕刻完工的造像前，1940 年初，梁思成先生用他建筑学家的眼光打量过；1945 年初夏，马衡先生用他对金石特有的敏感吃惊过；顾颉刚先生以其对古史的熟稔思索过……当然，无数的游客以其自身不同的阅历，久久地站立于面前沉思默想，我也曾经多次站在那狰狞恐怖的造像面前思索着——为什么这么巨大的一座石窟殿堂会有如此的“败笔”，尽管那未能斧凿完毕的十大明王，在艺术的表现上反而更能给人以畏惧感！

宝顶山未雕刻完工的十大明王之一

十大明王（局部）

我不禁一次又一次站在这处之下，仔细地凝视着十大明王的造像。他们呈“一”字形布列在柳本尊行化事迹图之下。居于正中的是为大秽迹明王，为释迦牟尼佛所变化，明王三头六臂，发丝高耸，面有三眼，双目怒瞪，口出獠牙，手中持金轮和鞭，给人面目凶恶勇猛之感。其余的明王之中，有五身造像刻有铭文，他们是卢舍那佛化身的大火头明王、金轮炽盛光佛化身的大威德明王、金刚手菩萨化身的降三世明王、观世音菩萨化身的马首明王。再之外的四身明王造像，因为未完工而未见有刻下的明王身份。他们均是现愤怒之身，大多为三头六臂，也有三首四臂或八臂，额间竖刻一只眼睛，顶光中刻本尊的佛或菩萨像。如世人熟知的观世音菩萨，为三头四臂，手臂持有法器，发丝向上飘扬，发中雕刻一马首，头部左侧出一毫光，其上刻端坐在云中的观音菩萨。明王造像为佛教密宗所特有，是佛和菩萨受大日如来教令，降伏诸恶魔时变现转化出的威猛愤怒形象。宝顶山大佛湾的这一处十大明王像，生动形象地诠释了明王的造像艺术。

然而，大多数的明王一眼可辨未得以完工，他们有的还为雕刻样品的粗坯，有的身臂还残留凹凸不平的琢痕。即使居于最中的大秽迹明王也不例外，你看他前伸的手臂，琢痕累累，似乎匠师稍微再开工片刻，便可以雕刻完工；而身体下部，则为几块刚勾勒出形状的片石，似乎还残留着匠师最初的设计。

为什么会如此呢？这不禁让人开始思索起宝顶山的营建者赵智凤来！

赵智凤——一个扑朔迷离的名字，一个令无数人感到迷惑不解的名字……他究竟是一个什么样的人：于南宋后期苦心经营 70 余载，一座方圆达 2.5 公里左右的大型石窟道场出现于天地山川之中，而最后，居然在十大明王像里，留下如此沧桑的刻纹，足以让后世之人孜孜不倦地苦苦思索！

我曾经想过，在南宋后期的某一天，那些正在念诵着梵呗的僧侣们、那些正在精心雕琢的工匠们，忽然，听见天空中传来的阵阵凄惨的号叫声，一大群又一大群被蒙古军队从北方驱赶过来的鸟群，在天空中努力地寻找着它们可能归属的家园。于是，僧侣与工匠们惊闻逼近的兵戈铁骑之声，远走他乡……

我曾经也想过，一代高僧的赵智凤，70 余载之际，看见已渐成规模的宝顶山，不料他居然就圆寂了！众多的信徒们如何维护这一巨大的事业，类似禅宗历史上那个关于心有没有尘埃的争论场面，在佛像前重演，为了生计的工匠们作鸟兽散。于是，在毗邻大足的安岳出现相同题材的造像……

难道，那一道又一道未刻工完毕的明王造像，就好像赵智凤欲说而无语的一代高僧的“家风”！——在宝顶山的牧牛图中有“了了了无无所了”，在暗示着本身就是一座不可能完工的造像群。

不可能，这绝不可能！

很多次我这么痴迷地想过：赵智凤苦心经营70余载，他会就这么轻易地放弃自己的事业吗？

柳本尊行化图和十大明王像

眼看着造像达一万余尊的宝顶山就要完毕，他会这么做吗？要知道，就在十大明王的上面，是赵智凤一生最为景仰之人的生平事迹雕刻——唐末五代的柳本尊事迹图，柳本尊是一位极具传奇色彩的人物，在其身后200余年，出生于大足的赵智凤追认其为“师”！不过，若没有赵智凤，柳本尊的事迹仅仅局限于专题史料的著作之中，而正因为赵智凤的出现，所以，一幅空前绝后的关于柳本尊事迹的雕刻出现于世人面前，而就在柳本尊事迹的下面，就是未完工的十大明王造像，偏偏就在赵智凤最为崇拜、仰慕的人物——柳本尊事迹雕刻图的下面啊！他就这么轻易地放弃吗？我在心底一次又一次重复着我思索的倾向，他应该为自己所仰慕的人完成这一岩石的雕刻。至少应该如此。

我不禁又一次来到十大明王像下，凝视那些琢痕。突然，一种粗犷雄伟的体态所携带的意蕴涌入心间，这个时候，我忽然觉得这些没有完工的部分，似乎一点也没有影响到造像的美，反而留下一种极富有想象的无限空间，一种“残缺美”“粗犷美”的感受荡漾于心。

我紧接着还这样想过，如果十大明王像完工之后，又会雕刻什么造像呢？是赵智凤的生平故事吗？还是……

我想，在这龛巨大的岩石下面，将来还有很多像我一样狂想不已的人，还有很多令人激动不已的想法。

宝顶山石刻：淌动的匠心

——南宋淳熙至淳祐年间（约 1179—1252 年）

公元 1179 年，是今天多数专家大致认为的宝顶山石刻开始营造的时间，其后延续 70 余年的精心雕琢，方留下一处石窟艺术的丰碑，屹立在大足宝顶山的崖壁之上。

在大足一地，起伏不平的丘陵之中，沟壑纵横、溪流淙淙。宝顶山石刻最为集中的大佛湾，是一处为“U”字形的马蹄形山湾。约在 1179 年之际，大足米粮里僧人赵智凤来到这里，当时面对的景象，迄今我们仍能通过崖壁的情况，遥想到最初的环境。在这个长约 500 米的崖面上，岩石崎岖不平，或是巨石暴凸，或是陡峭险立，或是杂石乱积，或是飞泉四溅，或是渗水浸染……在这里，赵智凤与他的工匠们，思考着要将这些高达 8 米到 20 米、长达几百米的崖面，雕琢成为前后衔接的连环画般的石刻艺术殿堂，成为一处横亘于天地之间的石窟艺术杰作。

不过，令他们深感困难的，不仅仅是岩石的厚度、硬度等诸多问题，还有不时出现在岩石之间的水，这其中，既有本来就从佛湾内迂回流经的小溪，还有从岩石之间慢慢渗透出来的水，更有大雨之际从岩石上流下的天然雨水。面对如此复杂的环境，营建者们要将故事内容前后衔接的造像一气呵成，处理好水与岩石的关系，无疑是极其考验功力的。

然而，这一切并没有难倒这些具有天才般匠心的设计者。凭着多年来积累的雕刻经验和智慧，在一龛一窟造像的精心设计上，他们也充分考虑到如何将水更好地约束，同时尽可能在造像景观上，得以更好地发挥和利用。

宝顶山华严三圣下方莲叶

他们善于将水按照溪流自然流去的方向，引导成为一个景观。九龙浴太子这龛造像，表现了释迦牟尼出生时的场景。在这龛造像的上方，有一道溪流由此流下，溪水常年沿着这龛造像处，下流至大佛湾谷底。匠师在此处设计为口吐冷暖二泉的九龙，龙口长伸，池水沿着龙口，终年冲洗着刚刚诞生的释迦牟尼像。然后，溪水又沿着卧佛前弯曲的水渠，流向谷底，其后又流传有这是九曲黄河的传说。在这里，溪流不但得到很好的引导，反而为石刻故事增添了景致，可谓是导水成景的一个典范。

在岩石之间巧妙地设计引水通道，似乎对于这些匠师来说游刃有余。

幽静的圆觉洞内，岩石间时常有渗水，匠师在崖壁上雕琢一长龙，形成引水的渠道，龙口下方站立一位形象古朴的老僧，手中托起一钵，水经龙口下滴至钵中，又沿暗道流出洞外。寂静之际，可听见从龙口滴答的清脆之声，倍增圆觉洞的幽静之感，颇有“鸟鸣山更幽”的意境。

华严三圣下方的崖壁，不时有渗水浸出，匠师在渗水密集处下方，凿出一小小的排水沟，并穿过长达2米多的普贤菩萨脚下站立的莲台，一直流经中间主尊的佛像下方，在这里凿一深洞，用来蓄积渗水，而这些渗水就沿着引水道汇入谷底溪泉。点睛之笔就在这个深洞上方，匠师们圆雕一张直径达1米多巨大莲叶，覆盖在其上，中间是空的，可以伸手触摸到渗水的凉度。这样一来，既可以遮盖深洞，也为佛教艺术增添了氛围。早在明代时，此处就有“灵湫泉”的雅号，明代忠州刺史战符来此，还以“灵湫泉”为题吟诗一首，其中就有“层峦石里透灵泉，谁凿莲花漾佛前”的佳句。

宝顶山牧牛图（局部）

利用天然的地形雕琢石像，把天然的雨水融入表现田野题材的造像之间，可以说是设计者别具匠心之处。《牧牛图》是讲述修行者调伏心性的艺术杰作，十组造像雕刻在凹凸不平的崖壁上，展现出宋代人极具田园情趣的牧牛场景。这组造像，800多年来基本上显露在自然之中，未有遮蔽，一旦下雨，水自《牧牛图》上方的一些水道留下，形成小小的山泉，而造像表现的那些在自然中放牧的牛儿，或是昂首似乎正在畅饮山泉，或是在水边嬉戏……更倍增造像呈现出的田园牧歌之趣。

如今，800多年远去，那些造像仍屹立在山湾之中，仍用淌动的声音，讲述沉淀在历史深处的故事，讲述那隐藏在岩石之间的匠心！

大宋“攻镌”：大足宋代石刻工匠漫谈

——北宋皇祐四年至南宋淳祐年间（1052—1252年）

在大足石刻历史长河之中，工匠的身影早已凝固在那些精湛绝伦的造像之中。虽然早在初唐永徽年间（650—655年），摩崖造像就已开凿，但是直到300余年后的北宋初期，才在坚硬的石头上出现第一位工匠的名字，由此在大足石刻最为鼎盛的两宋时期，拉开了工匠署名的风气。而如今，工匠们殚精竭虑精雕细刻的作品，成了中国雕塑史上不可忽视的一笔！

六代献艺大足

北宋皇祐四年（1052年）的冬天，三位穿着朴素的工匠，凝视着即将完工的陀罗尼经幢，欣悦之情溢于眉梢，不禁怦然心动，在这件经幢遍刻着经文的幢身上，刻下了他们的名字——文昌，以及其子文惟简、文惟一的姓名！

历史的细节场景，我们已无从得知，但是这寥寥数字，却记载了迄今大足石刻发现最早的工匠题名，而且，也开启了其后两宋时期百余年工匠署名的风气。

今天，铭刻着文昌姓名的雕刻作品，作为大足石刻弥足珍贵的作品展示在博物馆之中，它是一件残缺的陀罗尼构件，在仅有0.48米高的八角形幢身上，文昌的名字仅出现在微不足道的一角。不过，他的后代们，在大足一地陡峭的崖壁上，将他们的籍贯、名字等更为自由地留存在石像之旁。

其后，文昌的两位儿子继续从事着父辈的职业。大约从北宋元丰六年（1083年）开始，文惟简与其子文居安、文居礼等，在石篆山雕刻出我国早期的儒、释、道三教融合的造像龛，一直持续到绍圣三年（1096年）。在石门山，文惟一和他的儿子文居道开凿了此地最初的造像，迄今在释迦佛、水月观音像旁还有他们的名字。至此，文氏工匠在大足一地已经有三代献艺了。

其后，第四代的文仲璋与他的侄子文玠、文珠、文琇、文玠等，于1144年在妙高山开凿三教窟，1148年开凿了玉滩千佛洞等作品，其中第五代文玠有一则题记，在高达0.8米、宽0.18米的崖壁壁面上，竖刻“东普攻镌处士文玠男文孟周乙卯绍兴二十九年孟冬月记”24字，与文昌题记相比，更能体现出匠师对作品的肯定。目前发现的文氏工匠最后一代，也就是第六代有文孟周、文孟通和文艺，其中文艺仅在灵岩寺出现一次，时间大约是南宋绍熙年间（1190—1194年），距离文昌署名的作品，已经是130多年。

文氏家族的作品，基本上散布在今大足中敖、三驱、珠溪、邮亭等乡镇之中，这些作品，儒、释、道三教题材皆有，甚至于还有石篆山、妙高山的三教融合造像，他们对中国石窟艺术三教

佛安桥石刻文氏工匠题记

北山石刻第 155 号伏氏工匠题记

合一造像的出现可谓是功不可没。

文氏工匠在署名前，往往要加上籍贯和称谓，如玉滩观音洞刻有“大宋东普攻镌文琇丁丑仲春记”，佛安桥石刻三教窟刻有“东普攻镌处士文孟周记”等。籍贯上，有“岳阳”“东普”“普州”等，它们所指的都是今四川安岳，也就是说，文氏工匠不是大足本地人，他们可能迁徙至大足，六代献艺不绝！在他们多数作品中，署名前往往加上一种特殊的称谓，如“镌作文昌”“攻镌文仲璋”这类“攻镌”的称谓，既有一种职业的自称，也体现出一种对自身价值的认可！

仰望北山美神

公元 892 年开始，昌州刺史韦君靖在大足城北建永昌寨，并且还“招募良工”，开凿千手观音等造像，但是那些匠师的名字，却在凹凸不平的岩石上一字未见。

晚唐是北山石刻的开创时期，随之其后的五代、两宋时期，当地的官吏、民众相继在此捐资开龛造像，由此形成了以佛湾为中心，周边散布多宝塔、营盘坡、观音坡等一处造像群。而工匠的题名，却出现在北山开凿之后两百余年的北宋靖康元年（1126 年），此时的中原正在酝酿一场影响宋王朝的巨大动荡。但是，在西南地区僻静的大足北山清幽的佛湾内，几位伏姓的工匠却在这里精雕细琢。

伏姓工匠最初的题名，出现在进深 6.03 米的孔雀明王洞窟之中，在窟的正中，孔雀明王坐在一正展翅欲飞的孔雀上，在孔雀的背屏上竖刻“丙午年伏元俊男世能镌此一身”，简练的题记中可知，在 1126 年之际，伏元俊与其子伏世能在此雕琢的事实。

伏氏工匠是大足宋代石刻雕琢的另一支重要家族，他们的署名往往加上“本州”二字，说明他们是当时昌州（州治大足）本地人氏。继孔雀明王之后，伏元俊和其子伏世能还在北山继续雕刻了弥勒下生经变相（第 176 号）、泗州大圣（第 177 号），从这些作品中可见，他们既可以处理复杂、繁缛的细节，又能以简练的刀法娴熟地表达出人物的神态。

伏姓的工匠还出现在北山多宝塔与舒成岩等处。与北山佛湾遥相对应的多宝塔，营建于南宋绍兴十七年至二十五年间（1147—1155 年），在塔内出现了工匠“伏小八”的题名；毗邻多宝塔的观音坡，有伏小六于南宋绍兴二十四年（1154 年）雕琢地藏、引路王菩萨像的题名。在大足石刻中，伏氏工匠的题名除在北山一带之外，仅在中敖的舒成岩有发现，在这里，伏元俊、伏元信、伏麟等伏氏工匠，开凿了一处宋代道教石刻艺术珍品。

令人疑惑的是：在伏氏工匠造像区域内，未见有文氏工匠的出现；同样，文氏工匠造像区域也未见有伏氏工匠，他们似乎约定俗成着自己造像的区域。不过，伏氏造像区域内却出现了其他异姓工匠，其作品至今仍熠熠生辉！

北山佛湾第 136 号转轮经藏窟，是一处雕刻于南宋绍兴十二年至十六年（1142—1146 年）的美神荟萃的洞窟，有着“中国宋代石窟艺术巅峰之作”的美誉，其内的普贤菩萨给人以娴静、端庄、秀雅之感，故有“东方维纳斯”美誉；日月观音繁复的花冠与丰腴的面颊相得益彰，衬托出观音的温和矜重……在窟内保存的题记中，这些作品来自“赖川”的“镌匠胥安”。

在转轮经藏窟的右边，有一处似乎不起眼的崖壁，其实这里“隐藏”着一幅精湛的线刻画。这幅画的原作是在一座寺院内，后来，一些有识之士担心原作损坏，在南宋绍兴四年（1134 年）之际，请来一位叫李大郎的画师重新临摹后，请工匠罗复明将它铭刻于此。由此，这幅据说为宋代著名画家石恪的作品，便流传至今。

正因为有如此多的巧匠，在北山施展他们天才般的才华，故北山石刻有“中国观音造像陈列馆”等诸多赞誉！

宝顶匠师之谜

800 多年前，在成都弥牟往大足的古道上，正疾走着一位年轻的僧人，他心中憧憬着回到故土的那一番事业，或许，就有选择一处岩石遍布的山湾，在崖壁上铭刻出他的理想！

这位僧人，就是出生于大足米粮里的一代高僧赵智凤（1159—？）。

在其后南宋淳熙至淳祐（约 1179—1252 年）的岁月中，他精心设计、苦心经营，终于在宝顶山成就了一座大型的密宗道场，一座世界石窟艺术史上最后的丰碑。

然而，在规模宏伟的宝顶山石刻中，方圆 2.5 公里内近万尊造像中，未见有一处关于工匠姓名的题刻。如此浩大的工程，仅凭赵智凤一人之力绝无可能，碑刻中也记载他回到大足后，“命工首建圣寿本尊殿”（明·刘畋人《重开宝顶石碑记》），可知宝顶山的确有工匠参与，那么，史失其载的工匠究竟是谁呢?

历史往往给我们带来一些猜想，比如宝顶山具体的雕刻者，当年在大足一地雕琢的文、伏家族及其弟子为主的工匠，就极可能是宝顶山石刻营造的重要力量。

先来看看宝顶山营建的1179—1252年间，大足境内的石刻情况。这一时期，大足境内极少有石刻开凿，目前所知只有灵岩寺、石壁寺等几处，它们不但规模极小，而且极少有工匠署名的造像。就灵岩寺而言，在一块巨石上开凿有9个小龛，造像均高不过1米，其中，第2号龛出现有“东普攻镌文惟简玄孙文艺刻”数字，它不但是文氏工匠最后一代（第六代）的题记，也是宋代大足石刻最后出现的工匠题名。由此来看，赵智凤营建宝顶山这一历史时期，其他造像的衰落，与之前的石刻造像盛行极为不吻合，或许，工匠们此时期将主要精力放在了宝顶山石刻的营建之上。

再来看看宝顶山的造像规模，可谓是在世界石窟艺术史上都是极为少见的，所需工程量也极大。在其建造之前的大足石刻工匠，在经过长期的发展后，已经形成了一支技艺娴熟、职业和活动区域都较为稳定的工匠队伍，宝顶山石刻无论雕刻技艺、选材布局等诸多方面，都在石窟开凿上有着空前的发展突破，在设计上，则要求工匠们对于石窟雕像有更深的认识和驾驭能力。因此，之前在大足境内活动的那些石刻工匠以及他们的后代、弟子们，无疑是胜任此项浩大工程的最佳人选。

历史有时候不仅给我们一个猜想，往往还会带来一连串的遐思。

如果关于宝顶山工匠的猜想，与历史真相不谋而合的话，那么，当年那位高僧赵智凤是如何将文、伏两支主要家族工匠，凝聚在一道，共同雕琢宝顶山那些艺术中又富有哲理的造像呢?

时光的步履，早已经把昔日雕刻的场景，渗透在一尊尊精美的石像之间，随着风雨兼程的岁月一步一步地走过，这些崖壁上的石像，已成为一处独特的文化遗产。而今，秉承石刻工匠的精神，呵护与传承这处珍贵的世界文化遗产，又开启了一道任重而道远的路途!

第六章　明清

明代大足石刻规模最大的摩崖造像：千佛岩

——明代永乐元年至十年（1403—1412 年）

南宋后期的某一天，随着宝顶山最后一声雕琢之音的停息，从而，大足石刻鼎盛的两宋时期关上了帷幕。

而这一停息，就是 100 余年。随之而来的元代，大足境内人口大减。多年来数次文物普查，都未发现元代摩崖造像的遗存。直至从明代洪武年后期开始，历建文、永乐年间，大足境内摩崖造像才渐渐得以兴起。这其中，千佛岩规模最大，可谓是明代造像的代表作。

位于大足三驱镇境内的千佛岩石刻，在高约 8 米、长约 200 米的崖壁上，雕琢有 500 多尊造像。这些造像，被通编为第 11 号。

十二光佛龛是千佛岩最早的造像。这一龛造像，在崖面上横凿直径 0.7 米的 13 个圆龛，其内各自刻一尊佛像，正中为阿弥陀佛，两侧为十二光佛（十二光佛为阿弥陀佛的 12 种名号），这 13 身造像在图像上基本相似，头有螺髻，身着 U 字领佛装，结跏趺坐，大多数双手放在膝间结印。从每一龛像旁的铭文可知，这些造像为一些信众捐资雕琢而成，其中一龛题刻为“庵主铭宗施刊”，这些造像旁大多刻有“永乐元年（1403 年）”，可知其建造时间。紧邻十二光

千佛岩远眺

观经变

佛龛，有一造像记，叙述道当时“大足县僧会司僧人铭宗”，与“十方善男信女同发善心”，雕琢十二光佛。在其后，记载了当时大足一带寺院情况，有报恩寺、佛会寺、妙高寺以及宝顶的住持僧等。其中，铭宗的身份为“僧会司”，也即负责管理一县僧人事物的职务。这则史料显示，在明代初期，大足一地人口渐渐增长，社会经济也逐渐得到恢复。

编号第 7 号的观无量寿佛经变，是千佛岩体量最大的造像龛。整龛造像高 2.9 米、宽 4.6 米、深 1.5 米，在正壁上方雕刻有西方三圣半身像，下部雕刻“三品九生图”，并刻有各品名称。左右两壁由上至下琢像七排，有飞天、僧人和“十六观”。龛内存有永乐八年（1410 年）、永乐十年（1412 年）任俍年造像题记，可知其开凿时间。整龛造像在构图上，明显受到北山晚唐第 245 号、宝顶南宋中后期第 18 号同题材的影响。

在观经变左侧的崖壁上，逶迤连绵的是千佛像，他们由三组佛像组成，三组中的主尊有三身佛、西方三圣、金轮炽盛光佛等，这些主尊的两侧皆是结跏趺的佛像，大约有 300 身，这些小佛像身高在 0.26 ~ 0.38 米之间，有的持有如意、念珠、印、钵等器物，大多数为结印。他们前前后后衔接在崖面上，较为壮观。伫立在此，令人不禁想到此地摩崖造像被称为“千佛岩”的缘故，应与此相关。

在千佛岩还有其他的一些造像，如地藏三身像、日月观音、双观音、西方三圣像等，其中，第 5 号雷音图，刻雷公、风伯、电母、雨师等像，与宝顶山大佛湾云雷音图极为相近。

仅从这些造像来看，千佛岩石刻主要集中雕琢于明代永乐元年至十年之间（1403—1412 年），其中，时为僧会司的僧人铭宗是其中主要的募集化缘者。

稍微细心的观赏者，一眼便可见千佛岩造像中，大多数造像的题材、表现形式等方面，多来自南宋时期的宝顶山，如观经变、雷音图甚至千佛等造像龛。之外，圆轮龛佛像的表现形式，也是宝顶山佛像较为多见的手法。由此也可见，明代造像最初与宋代造像保持着较为密切的关

千佛（局部）

系。事实上，从明代开始，大足石刻造像历程进入到一个延续前期造像为主的时期，大体而言，不及两宋时期的造像规模，特别是雕刻艺术上，更是远逊于两宋的北山、宝顶山等造像点，如千佛岩观经变龛的飞天，体态丰硕，缺乏唐代飞天的灵动潇洒。在题材上，明清时期的造像，更加趋向于世俗化的民间信仰。

明代初期摩崖造像的雕琢，不仅仅在千佛岩出现。在距离千佛岩不远的石篆山石刻附近，近年来发现一个圆形的造像龛，单独雕琢在独立的石堡之上，其内是结跏趺坐的观音，左右有净瓶、鸟等，龛侧壁的崖面上刻有“建文三年……铭宗自募镌……观世音菩萨一尊”，可知年代为明代建文三年（1401 年）所为。在今天前往宝顶山的公路旁，有一处名为高观音的地方，在距离地面 6 米的崖面上，匠师开凿了一个直径 2.2 米的圆龛，其内端坐观音，旁有两位侍者，龛外顶上 3 个小圆龛内，分别端坐一身佛像。龛外左壁竖刻“洪武三十年丁丑春月造”，可知为明代洪武三十年（1397 年）的作品。从这两处造像来看，观音是此时期民间甚为流行的题材，这种在圆轮之中的表现形式，渐渐成为之后的图像模式，影响到大足民间观音造像之中。

明代初期，以千佛岩为主的造像活动，从而开启明代大足石刻的造像活动的延续，至此之后，在大足先后出现七佛岩、大石佛寺等地摩崖造像的雕琢。但是，从规模上，包括在其后数百年之久的清代石刻造像，都不及千佛岩。

为何在从明代开始，大足石刻开始走向衰落呢？这也是一些学者关心的一个问题。这其中，从大的因素来看，就与石窟艺术渐渐地不再盛行密切有关；另一个重要的因素，还与大足行政区划的变更有关。明代初期，大足改为隶属重庆府，失去了宋代时期昌州州治的重心地位，从而影响到大足经济文化的发展。尽管如此，从明代初年开启的造像，作为唐宋时期大足石刻的延续，也如实记载了此时期大足一地民间的信仰、经济、文化多方面史料，是大足石刻不可缺少的一部分，值得关注与保护。

大足石刻真武大帝造像：从南山第 1 号说起

——明代正德十六年（1521 年）前

明清时期大足石刻的造像内容，大多延续两宋时期的题材。但是，也有题材随着时代的变化而呈现出新意，这其中，道教造像题材的真武大帝像即是如此。真武大帝的造像，在大足明清时期较为常见，如南山的真武大帝造像就是其中颇具有代表性的作品。

南山早在宋代就有精美的道教造像雕琢，出现有三清古洞、龙洞等杰作。明代时期，道教题材的造像在这里得到延续，即编号为第 1 号的真武大帝像的开凿。

这是一个高 2.35 米、宽 2.75 米、深 1.65 米的洞窟，窟内平面略成矩形。窟内正中主像为真武大帝，面西而坐，披发于脑后，颔下原有须（现不存），脑后有圆形头光，有两束飘带在脑后生出，飘扬于头光内。内着铠甲，外披长袍，赤足，左脚踏一龟，右脚放于一山石之上。在窟顶部有一壁画的太极图。大帝两侧的左右壁，各有一侍者。左侧为一女侍者，面容宁静自然，双手于胸前捧一印。右侧男侍者，头戴小冠，双目斜睁，龇牙咧嘴，络腮胡须，披肩后扬，双手持一物站立，现器物存双手间部分，疑为真武大帝所持的七星宝剑。

对于这窟真武大帝的开凿时间，一般倾向于明代，因在该洞右壁有一镌记：“舍财信士王

南山真武大帝龛

大足宋墓中玄武雕刻

大足石刻博物馆藏明代真武大帝像

伯富谨立。正德十六年夏五月十五日焚香建立，修炉石匠黄相、黄弯、成国用。”这则造像题记，记载的是明代正德十六年（1521 年）当时的三位匠师修造石炉，未明确说开窟造像的事宜，可知至迟在此时该窟造像已经完成。再结合真武大帝图像的历程来看，其为明代石刻作品确凿无疑。文献记载，这处真武像开凿之后，其后曾在外修建有石坊，上题有“玄天阁万历三十一年（1603 年）立”（陈习删：《大足石刻志略》《大足石刻研究》四川省社会科学院出版社，1985 年）。真武大帝，又称为玄天上帝、佑圣真君玄天上帝等，故在此造像前建“玄天阁”石坊。

要从图像上确认南山真武大帝为明代的作品，这得简要梳理一下真武大帝图像及其在大足一地雕琢的历程，就可以知晓一二。

真武大帝信仰的起源可以追溯甚早，最初是四灵（亦称“四象”）之一，名号玄武，与青龙、白虎、朱雀一道，代表着四个方位，也就是东宫苍龙、西宫白虎、南宫朱雀和北宫玄武。据介绍，“中国传统的四象体系至迟在公元前 2 世纪已经形成”（冯时：《星汉流年——中国天文考古录》，四川教育出版社，1996 年，第 163 页）。

作为具有人格化的真武神信仰，在宋代之时才开始盛行起来，因在宋真宗时，受到北方辽、金政权的侵扰，国力逐渐衰落，于是就特别重视崇奉主北方的玄武神，因为避宋始祖赵玄朗名讳，改玄武为真武，在天禧二年（1018 年）时，加封真武为灵应真君；宋真宗时，加封真武为“镇天真武灵应佑圣真君”。之后，在国内大多数地方出现有其祠庙，并塑像加以祭祀。

不过，从现存的实物和文献资料记载的真武像来看，两宋之时，似乎还未像明清时期那样有比较固定的图像样本。

宋孝宗时，出现过模仿他模样的真武图像。据李心传《建炎以来朝野杂记》记载："佑圣观，孝宗旧邸也"，原注又谓"淳熙三年（1176年）初建，以奉佑圣真武灵应真君，十二月落成。或曰真武像，盖肖上御容也"〔《建炎以来朝野杂记》（上），中华书局，2000年〕。之后，宋孝宗每隔一年都要到佑圣观进行参拜。此种"御容"的真武神像，在当时应是较为流行的一种图像样式。

在大足一地宋代也有真武像的雕琢，和天蓬元帅、天猷元帅、翊圣元帅一道，出现在石门山三皇洞、舒成岩紫微大帝等造像龛窟之中，他们被合称为"四圣"。这"四圣"是宋代备受世人信奉的题材，如南宋都城临安就有"四圣延祥观"，供奉此四位神祇。所以，受其影响，大足道教石刻中出现有"四圣"像，自然真武也在其列，如石门山真武神，眼瞪口张，身着铠甲，左手牵袍，右手执剑，赤足站立在龟背之上，一蛇蜿蜒在龟前，可作为宋代真武大帝造像的代表作之一。

值得一提的是：大足一地的宋墓中也有玄武图像，他与青龙、白虎、朱雀四方之神一道出现在宋墓的四个方位，大多为浅浮雕，画面生动灵活，技艺精熟，如西北村宋墓中的玄武，雕刻一龟爬行于云端，一蛇穿越龟身作回首状，龟首与蛇头相对，蛇尾于其上缠绕一剑，组图简洁，设计巧妙，将玄武神的图像特点囊括其间。

明代，真武信仰备受重视，如传说其在明朝开国之际有种种灵应事迹，其中颇为著名的是明成祖朱棣"靖难之变"时，玄武神率天兵相助的事迹。在具体的图像特点上，如同宋代时《云麓漫钞》一书中记载："绘其像为北方之神，披发黑衣，仗剑蹈龟蛇，从者执黑旗"（宋·赵彦卫：《云麓漫钞》，卷九，中华书局，1998年，第148页），成为明清时期图像的基本样式。

明清时期大足石刻也有真武大帝造像的雕琢，图像主要为披发、持剑，脚踏龟蛇等，最有代表性的石刻作品为南山第1号真武大帝像。之外，大足佛儿岩石窟第3号真武大帝龛，在龛框刻有"手擒妖鬼执宝剑，脚踏龟蛇用司刀"对联，体现出真武大帝的图像特点。与此同时，真武大帝在明清时期的地位也逐渐抬升，从宋代的护法神位居侧壁，到成为龛窟造像的主尊，可见其在民众信仰中的地位。

这一时期还出现较多的圆雕真武大帝像，在图像上与南山第1号造像比较接近，较有代表性的有：

第1例真武大帝像，原存于金山镇杨施庙内。该像头戴冠，身着铠甲，右手举于胸前，外罩长袍，腰围玉带，左脚下踏一四脚兽（疑似蜥蜴），右脚下踏有龟蛇，蛇头与四脚兽做对望状。该像的时代被定为明代。

第2例真武大帝像，出土地点不详，头不存，颈下系有披风，身着铠甲，右脚斜蹬于蛇背之上，左脚紧踩蛇尾，蛇身下刻有一龟。该像的时代也被定为明代。

从大足石刻和明代墓葬雕刻中保存的这些丰富造像资料，可见大足一地丰富的雕刻作品，生动地记录了古代真武大帝的图像演变历程。

技艺精巧的明代成化年香炉：大足石刻香炉漫谈

——明代成化七年至十一年（1471—1475 年）

明代的宝顶山，匠师的錾子声继续在起伏不平的山中回响，不过，这些声音既有从崖壁之上时而传来，还有从崖壁前方或寺院空旷的地带响起，这其中，就有匠师雕琢圆雕香炉的声音。

据调查，在今宝顶山上遗存有明代时期雕琢的数件圆雕的香炉。其中最受世人关注的是明代成化七年香炉。这座香炉，最初位于宝顶山圣寿寺燃灯殿之内，1963 年移放到小佛湾保存。香炉通高 0.95 米、宽 0.93 米（不含基座），现存为四级构件，每级皆有镂空雕刻，其上刻有花草、石狮、彩球、龙等多种图案，装饰意味极浓，设计巧妙，雕刻细腻。在炉钵上有题记，记载明代成化七年（1471 年）六月一日，在比丘法常的组织下，延请工匠营造此炉并放于殿堂之中，供养信士有岳添铺、欧必铎、梁志昭等，营造的工匠为毗邻大足的铜梁县匠人汪孟良。由于这座香炉体现了精湛的雕刻技艺，曾多次作为大足石刻的代表作之一，远涉重洋赴英国、加拿大等地进行展览。2015 年 6 月 13 日，大足石刻博物馆开馆，这件圆雕香炉作为一件重要藏品，摆放在展厅主要位置与世人见面。

在宝顶山小佛湾内，还有一件圆雕香炉。它存放在十恶罪报图前，其最初放在大佛湾广大宝楼阁龛前，由炉座、炉身、露盘、炉钵四部分组成，高 1.09 米、座围圆 3.05 米，炉身雕刻一蜿蜒曲折的龙，龙身上有双手合十的人物造像，龙头呈圆雕状伸于炉身外，其上有一层卷云纹

大足石刻博物馆藏明代成化七年（1471 年）香炉

的构件，最上为露盘，四周雕刻有三层仰莲。在露盘上有残毁的铭文，大意为某某人施资镌造，其中可辨题记有成化十一年（1475 年）六月上旬题造。

在宝顶山结界像之一的佛祖寺内，也有一座圆雕香炉，通高 1.66 米，座基平面呈六角形，每边宽约 0.5 米；中间空心香筒分为三层，底层镂空雕四只石狮，中层镂空雕两条蟠龙，栩栩如生；上层镂空雕刻两只凤凰，惟妙惟肖；最上层为莲花纹露盘，敬香者将香点燃后，放入下部的进香口，顿时香炉上、中、下三个部分烟香外溢，与最上部露盘所出之香烟一道构成了香烟四溢的奇观。据香炉上层保存的铭文显示，该香炉为明代成化八年（1472 年）所造。

以上三座香炉，设计时间皆为明代成化七年至十一年间（1471—1475 年），均位于宝顶山造像区域内，其设计都是采用镂空的方式，体量与构造大致相当，技艺甚为精良，时间非常接近，很有可能皆为铜梁匠人汪孟良所为。这些香炉雕刻，是大足雕刻艺术的重要作品，体现出雕刻技艺在明代大足一地的流传与弘扬。

香炉是极为常见的供养器具，通过敬香，信众可以表达自己的愿望。早在宋代，香炉就作为常见的造像题材出现在摩崖造像之中。不过，此时期最主要的是长柄香炉，也称长柄手炉、香斗等，是香炉的一种。此种香炉，前为熏香的炉身，连接用于手持的长柄。完整的一套长柄香炉由炉身、炉柄、顶盖以及装香的香盒组成，炉身常有雕刻。这种香炉，早在南北朝时期就存在于石窟艺术中，唐宋时期颇为流行，明清时期较为少见。

如就在宝顶山石刻中，至少保留有 6 件长柄香炉，最为生动的例子，在父母恩重经变相开篇“投佛祈求嗣息”图：一对夫妻相对站立，丈夫紧紧握住长柄香炉，妻子一手捧香盒，一手正在为香炉添香，在夫妻像的上方为佛像，下方刻“父母同香火，求生孝顺儿”等颂词。此幅造像，图文并茂再现了夫妻在佛前祈求子女的场面，生动地展现出古人使用长柄香炉供养佛像的场景。第 8 号千手观音龛，观音手中大多持有法器，其中，在主尊像上方“化佛手”两侧各有一件长炳香炉，呈对称状分列，它们的长度、形制基本相同。之外，在柳本尊行化图中，有一位男弟子，左手捧长柄香炉置于胸前，该香炉保存基本完整、展示较为全面。

宝顶山石刻中长柄香炉图像保存较为丰富、展示较为全面，以其摩崖造像的特殊方式保存了香炉的形制和特点，是南宋时期长柄香炉在民众中流传的真实反映。加之一些香炉出现的场景为敬香时的再现，因此还提供了香炉的具体使用情况，其价值不亚于出土实物。

与宋代香炉遗存多在摩崖造像上不同的是：明清时期的香炉，基本上为圆雕作品，大多散落在摩崖造像前、寺院、祠堂等处。除宝顶山明代成化年香炉之外，明清时期的香炉还遗存较多。如宝顶山广大寺内的一座香炉，约在清代营造。透过香炉中间镂空的部分，可以看见其后的九龙壁正中的龙头，设计较为独特。之外，宝顶山大佛湾内在摩崖造像的下方，保存有一些动物双手托举露盘，亦可能为昔日敬香所用。又如大足上游水库曾在干旱时期显露出一座香炉，基座平面为八边形，座高 0.3 米，边长 0.7 米；炉身为八边形，高 0.63 米，转角处刻龙首，垂长舌于基座之上，形成一类似三角夹轼形状。炉盖发现至少有三层，分置于炉身两侧，每层炉

三宝寺香炉

檐刻有卷草花卉纹，正中透空圆形。香炉厚重无华，形制较大，是目前大足地区发现的香炉中体量较大者。

综观明清时期大足一地香炉，明代成化年间雕琢的数件圆雕香炉，以其精湛的雕刻、巧妙的设计，无疑是其中的代表作品。这些香炉，还是宝顶山历史上在民间兴盛的见证。明清时期，宝顶山有“上朝峨眉，下朝宝顶”的说法，其时，在农历二月之际，香客纷至沓来，可以遥想：这些香客焚香祈愿于香炉之前，只见袅袅的香烟从这些圆雕镂空的香炉周身冉冉升起，精湛的雕刻与若有若无的烟云一道，构成了令人驻足忘返的景致。

可见，香炉在大足一地，既在宋代时期作为摩崖造像的一个题材，又在明清时期以其圆雕的形式单独表现，其表现形式多样、设计精巧、雕刻精湛，是大足石刻中一份独特而重要的文化遗存！

宝顶山石刻的晚期雕像

——清代宣统二年至民国四年（1910—1915 年）

经过长达 70 余年的研究，绝大多数的学者认为宝顶山石刻造像是由南宋大足僧人赵智凤主持营造的大型密宗道场。其后，因一种目前都未形成定论的原因，这个巨大的营建工程忽然停止了，于是大佛湾十大明王像出现未完工的“遗憾”！

然而，细心的游客会在宝顶山发现，有几龛造像，与涅槃图、千手观音、华严三圣以及数龛经变等造像，在艺术风格、外在气势、造像题材等方面有着极为明显的差异。其实，这些雕像是清代末期和民国初期增刻在大佛湾的崖壁之上的，它们的位置，都出现在大佛湾造像的两端。

先来看看北崖西端。就在十大明王像的下方，是一个道教的三清神龛，编号为第 23 号。它高 1.85 米、宽 3.11 米、深 0.33 米，龛内面南坐三清，皆端坐一长方形石台上。中为玉清，头戴芙蓉冠，冠上有两层塔式建筑物，额头和脸部有皱纹，嘴上方和颌下有胡须，呈五缕下垂，内着交领服，外罩道袍，腰围玉带，双手放于胸前，左手握八卦，右手扶玉带，腰间有宽带下垂于双足间。左侧为上清，头戴高冠，有须，服饰与玉清近似，左手捧一瓶，瓶中跃出一龙，现龙头和部分龙身，龙头做弯曲状，右手扶玉带。右侧为太清，头冠和服饰与上清近似，左手扶膝，右手执一如意。龛顶上刻“三清殿”三字，左右侧有一对联，为“太极两仪分四象，老君一气化三清”。这龛三清神像，与宋代舒成岩、南山等地的三清神相比较，显得更为清瘦，手中所持的器物也有所变化，对于了解三清神在其后图像变化，有一定价值。

宝顶山大佛湾三清龛

宝顶山赵公明夫妇龛

毗邻三清龛的是赵公明夫妇龛，亦在编号第23号之中，龛高1.85米、宽1.89米、深0.47米，左为赵公明元帅，头戴战盔，外袍内甲，屈左腿骑坐于一老虎背上，左手执一令牌，右手执一鞭放于右肩上，虎做回首状，虎尾上翘。右为其夫人，头戴冠，身披肩，腰间有玉带，左手扶膝，右手握玉带，端坐于石台上。在民间信仰中，赵公明被尊为财神，如在《封神演义》中，他被姜子牙封为神，并有招宝、纳珍、招财、利市四位手下。

宝顶山“福”字碑

宝顶山“寿”字碑

在这两龛像两侧，各有一通摩崖的碑刻，分别刻“福”“寿”二字。其中，“福”字的字径高 1.06 米、宽 0.84 米；“寿”字的字径为高 1.2 米、宽 0.72 米，在两字旁都刻有“陈希夷书”。陈希夷是道教中著名的陈抟老祖，是唐五代时期的人物。那么，这里的题刻会不会真是陈希夷时代所书刻的呢？

对于这两龛造像和“福”“寿”碑刻的年代，陈明光先生在《大足石刻探疑五则》（《大足石刻研究文集》，重庆出版社，1993 年）文中，记述道：大足文管所邓之金同志在 20 世纪 50 年代访问宝顶老人称“‘福寿’字是在宣统二年造‘三清殿’‘财神殿’时镌刻。造像，刻字工人是铜梁刘洪春”，可知它们的年代在 1910 年。也就是说，“福”“寿”两字，非陈抟亲自书写于此，而应该是模仿其他地方的刻字而为的。

在大佛湾南崖东端。也有后世续刻的造像和碑刻。其中，清代同治十二年（1873 年）大足知县王德嘉书写的“宝顶”二字，字径高 1.65 米、宽 1.25 米，今已成为游客驻足留影之地。造像主要有两龛，分别为地母玉皇龛和道祖山君龛。

编号为第 25 号的地母玉皇龛，高 1.45 米、宽 2 米、深 0.41 米。二像均面北。左为玉皇，头戴冕旒，长须至胸，身着龙袍，左手捧书，右手扶膝，端坐于石台上。右为地母，身着华服、披肩，头戴花冠，冠中刻坤卦，盘膝坐于莲台之上，左手捧珠，右手手掌伸直竖于胸前。龛外右侧壁有一造像记，可知该像为民国四年（1915 年）所刻。

宝顶山地母玉皇龛

宝顶山道祖山君龛

山君头像

编号为第 24 号的道祖山君龛。造像龛左为太上老君，头戴束发冠，冠中有三层宝塔，骑一牛，手捧八卦；右为坐于老虎背上的山君，三头六臂，正面头像额头紧皱，眼凸，粗鼻，獠牙外张，一副狰狞恐怖的面貌，与头后一略带笑容的面容相比，更显其威风凛凛之状。对于该龛的造像时间，之前有调查记录为清代。事实上，营造此龛的时间和目的，据龛旁有对联“道祖乘牛登岸上，山君伏虎镇桥头”可略知大概。从此联来看，造山君像的目的是为了镇桥的作用，而老君乘牛登岸上，也暗示着过桥的意思。在大佛湾中，目前的资料显示，在明代之后主要有“佛缘桥”的营造，因而该像的雕刻时间应当是指该桥修建之际。大佛湾内现存的龙蜚声撰写的《书〈与佛有缘〉碑并跋》记载：“癸丑三月，派代回龙桥谒祖，后道经佛湾……时逢修桥将竣，乞序于余。”由此可知，该桥在民国癸丑年（1913 年）时即将竣工。之前，游览者参观大佛湾，游至柳本尊行化道场、十大明王像处，即沿原路返回。此桥竣工后，游览者可从十大明王处，登临此桥，随后到道祖山君造像处，从而参观的线路形成一个环线。而第 24 号龛造像的正前方岩下，就是“佛缘桥”，正好体现出山君镇桥职能和道祖过岸的寓意。因此，该像的塑造时间可能为此年，即为民国初年，而不是清代。另外，还有一个参考的依据，那就是这龛造像毗邻民国四年（1915 年）所刻的地母玉皇龛，从位置关系、造像风格等来看，这两龛造像的时间应非常接近。

宝顶山的这些清代末期和民国初期的造像，绝大多数是在宋代雕像之外而开凿，体现出古人对前人雕刻的保护意识，并保留了此时期民间信仰、习俗、雕刻艺术等方面的实物资料。在大足的清代及之后的石刻艺术作品中，尽管在艺术上缺乏宋代雕刻的生动性，但就清代及之后的雕刻艺术而言，或许受宝顶宋代精美雕像的影响，其仍具有较高的艺术性，是大足石刻艺术发展历史上不可缺少的一环！

回望：大足石刻发现之旅（1818—1945年）

随着一段段史料不断地被发现，历史前行的轨迹，有时候会慢慢地变得清晰起来，大足石刻的发现历程，也是如此。

张澍先生画像

采自：《续敦煌实录》，甘肃人民出版社，1985年

南宋之后，昔日在大足一地大规模的石刻造像之声，渐渐平息下来。大足石刻这座田野之中的艺术圣殿，明清时期也开始伴随世人的生活，悄然矗立在崖壁之上，少有外界学者关注。

200多年前的清嘉庆二十三年（1818年）夏天，大足城内走来一位中年人，他叫张澍（1776—1874年），字百瀹，号介侯。他是嘉庆四年（1799年）进士，被选为庶吉士。他一生历任贵州玉屏、四川大足、江西芦溪等11州县知县，所到之处皆有政声。他博览经史，为清代乾嘉时期著名的经史学家、金石考古学家，其生平著述可“高与人齐”。

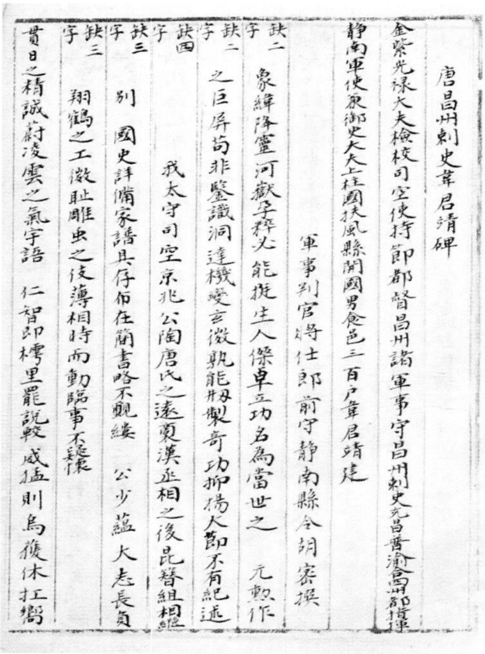

唐昌州刺史韋君靖碑
金紫光祿大夫檢校司空使持節都督昌州諸軍事守昌州刺史充昌普渝合四州都指揮
靜南軍使兼御史大夫上柱國扶風縣開國男食邑三百戶韋君靖建
軍事判官將仕郎前守靜南縣令胡密撰
缺二字 象緯降靈河嶽孕粹必能挺生人傑卓立功名為當世之 元勳作
缺二字 之巨屏苟非鑒識洞達機變玄微孰能刱製奇功抑揚大節不有紀述
缺四字 我太守司空京兆公陶唐氏之遠胄漢丞相之後昆簪組相繼
缺三字 別 國史詳備家譜具存佈在簡書略不覼縷 公少蘊大志長負
缺三字 翔鶴之工徽恥雕虫之伎薄相時而動臨事不疑懷
貫日之精誠蔚凌雲之氣宇語 仁智即樽里罷說較 威猛則烏獲休扛鼎

张澍《大足金石录》

（西安碑林博物馆提供）

张澍来任大足知县之际，受知县赵时的委托更修县志，政务之余，两次漫游宝顶，多次登临南、北二山，写有《前游宝顶山记》《后游宝顶山记》《游佛湾记》《书唐昌州刺史韦君靖碑后》《古文孝经碑考》《跋赵懿简公神道碑后》《书文殊问维摩诘病图后》等20余篇文章，多具学术价值。张澍在任，更修县志未能完成。其后，多次易地为官，始终随带志稿，直至完成，惜未刊印，后经道光间知县王松增删印行。为编修好县志，张澍将大足境内北山、南山、宝顶山等石刻和寺院的铭文进行了搜集抄录，编辑成《大足金石录》一书，现藏于西安碑林博物馆，该书的一些资料，迄今仍对大足石刻研究具有较高的史料价值。

因其对大足石刻的注重，后来他被称为首位关注大足石刻研究的学者。

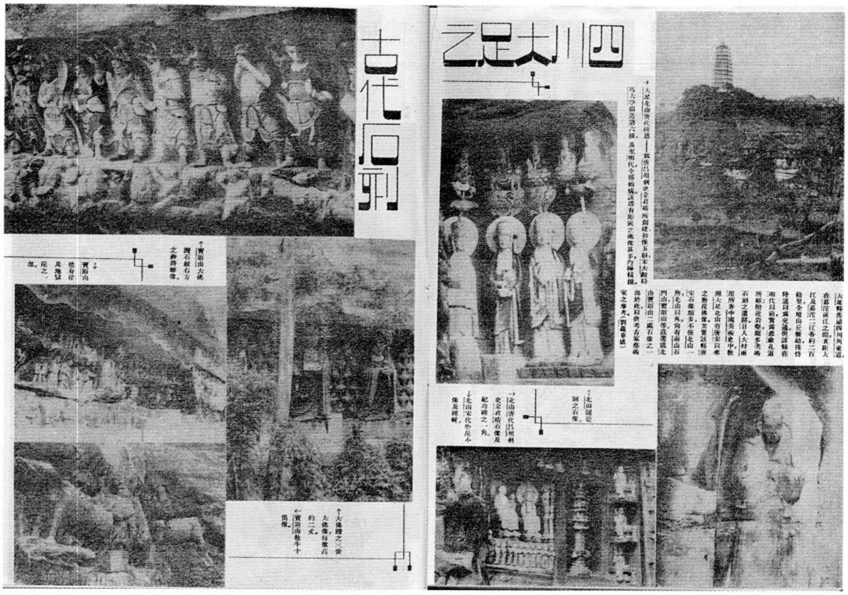

《东方杂志》“四川古代之大足石刻”

《东方杂志》载大足多宝塔

其后百余年间，大足石刻少有外界关注。

1935年3月1日发行的《东方杂志》（第32卷，第5号），其内“东方画报”刊登“四川大足之古代石刻”，署名“刘蕴华摄”。《东方杂志》是近代中国出版历史最久的大型综合性刊物。清光绪三十年一月二十五日（1905年3月11日）在上海创刊，商务印书馆编辑发行，内容广泛，搜罗宏富，成为“杂志的杂志”。1948年12月终刊。

《东方杂志》“四川大足之古代石刻”为迄今所见大足石刻最早的历史照片，其中包括北山石刻4幅，分别为多宝塔和佛湾第1号韦君靖像、第180号观音变相、第281号药师经变龛。宝顶山4幅，分别为今大佛湾第2号护法神像龛、第5号华严三圣龛、第22号柳本尊行化道场、第30号《牧牛图》。

历史也往往留下一些疑惑，让人去探索，比如，刘蕴华的生平为何？他来大足石刻考察的具体情况是什么？还有，当时还有没有留下其他的照片？这些都有待于继续探索。

1940年1月，以梁思成、刘敦桢等为代表的营造学社在川康地区进行古建筑调查时，途经潼南，听闻大足有摩崖造像，于是决定绕道大足进行调查。营造学社在大足约5天时间，对今大足石刻中的北山、宝顶山、南山以及一些古建筑做了调查。

1940年梁思成在大足北山调查

采自：《佛像的历史》，中国青年出版社，2014年

北山第 125 号数珠手观音

宝顶山千手观音
采自：《佛像的历史》，中国青年出版社，2014 年

现场的调查使他们感到不虚此行。北山晚唐代表作之一的观无量寿佛经变相（第 245 号）“为省内此类题材之最巨者……全体构图，与敦煌壁画同一系统”；宋代代表作的转轮经藏窟（第 136 号），后来的研究曾长期认为是心神车窟，早在此时的调查就说到“此外又有一窟……疑为转轮藏遗迹，乃石窟中别开生面之作品”，是目前所见资料中，最早将该窟中心柱识为转轮藏的调查史料。与北山佛湾遥相对应的多宝塔，营造学社成员对其做了较为详细的调查，其后梁思成还在《历代佛塔型类演变图》中，将其作为佛塔演变的一个典型实例加以列举。营造学社对宝顶山大佛湾雕琢时代，认为系宋代、明代所为。其间称道的作品颇多，如释迦牟尼涅槃图（卧佛）“就崖石凿佛涅槃像一躯，真容伟巨，殆为国内首选”。

此次调查成果给学社成员极深的印象，1947 年，梁思成赴美国讲学，在 60 多位研究远东文化的专家学者面前，做了关于他在建筑上发现的演讲，还做了关于此前未见报道的四川大足石刻的另一场演讲。研讨会结束时，梁思成先生得到了极高的评价，普林斯顿大学还授予他名誉文学博士学位。

此次调查，其后少有外界知晓，20 世纪大足石刻研究史上也基本未有叙述，一直迷雾重重。近年来因资料的不断披露，逐渐受到各界关注。

1945 年大足石刻考察团在宝顶山合影

北山转轮经藏窟日月观音

宝顶山地狱变相鬈发人像（赵智凤）

采自：《民国重修大足县志》卷首“大足石刻图征初编”

1945年，由大足当地学者陈习删主纂的《民国重修大足县志》一书，送往当时西迁至重庆北碚的中国学典馆印刷，时为馆长的杨家骆极为重视其中的石刻史料记载。于是，当年4月，他邀集马衡、顾颉刚、何遂、傅振伦等15位著名的专家学者，组建成“大足石刻考察团”实地来足考察。

此次考察历时7天，考察团对北山、宝顶山石刻“编制其窟号，测量其部位，摩（摹）绘其像饰，鉴定其时代，考论其价值，以为可继云冈、龙门鼎足而三”，可以说“实与发现敦煌相伯仲”。

北山石刻“其时代虽晚于云冈、龙门，然从历史之延续性上观之，其价值堪称无匹”，其中的韦君靖像和碑刻“足明唐末五代川东一带之局势，可补新旧唐书及新旧五代史之缺略”，观无量寿佛经变“精致绝伦”，石刻古文孝经碑有“寰宇间仅此一刻”的美誉，转轮经藏窟造像“妙丽庄严，除敦煌壁画外，实无其匹”。

宝顶山石刻“为南宋大足人赵智凤一手经营数十年，其规模之宏大，系统之完整，在国内堪称第一”，《牧牛图》“雕牛及牧童各十，姿态各异，生动可爱……亦他处之所无也”，千手观音“鬼斧神工，叹观止矣”，地狱变相“奇谲幽怪，令人震悚”，圆觉洞造像“妙丽庄严，完整如新，极精巧”。

考察期间，考察团拍摄照片200余帧、摹绘200余幅、拓碑100余通，在县内部分学校演讲，“大足石刻”一名，首因考察团使用而延续至今。考察期间，当时《大公报》《中央日报》等跟踪报道考察情况，杨家骆、马衡、傅振伦、朱锦江、吴显齐等都撰写文章，后大多收入《民国重修大足县志》卷首。

此次考察之后，大足石刻逐渐为国人知晓。

中华人民共和国成立后，大足石刻得到了更好的保护管理。1961年，国务院公布北山、宝顶山摩崖造像为第一批全国重点文物保护单位；1996年，国务院公布第四批全国重点文物保护单位中，将南山、石篆山、石门山以及北山多宝塔列入北山、宝顶山摩崖造像之中。1999年，以宝顶山、北山、南山、石篆山、石门山为代表的大足石刻，被联合国教科文组织列入《世界遗产名录》。至此，大足石刻走向了世界！

后　记

一本书写到后记这个时候，是有些激动的。

激动的原因，是因为一本书的写作是艰辛的，默默地在时光之中与文字耳鬓厮磨，终于，走到撰写后记这一步，预示着一本书即将可以与读者见面啦。《大足石刻史话》这本书，如果说萌芽，那应该是多年以前，记得自己曾希望有这样一本书，那就是按照时间为序介绍大足石刻的普及性读物，不过多年来这仅仅是一种构想。几年前，大足电视台为弘扬大足石刻文化，开启一个“一龛一说”的栏目，有幸参与栏目，我初步设定了50多集，每集10分钟左右，大致按照时间顺序，从初唐大足石刻开凿一直叙述到明清时期，其中包括一些人物的采访对话等。不过，因为这是电视节目，一些内容设置上的要求与最初构想的模式有所差距。

2017年底，在一次会议上，大足石刻研究院院长黎方银对大足石刻微信公众号推送的文章提出建议，能否做点发布系列性的文章，让更多的读者较为系统地了解大足石刻。很凑巧的是：大足九三学社微信群内有社员，在聊及大足地方文化之时说到大足石刻，希望能把一些主要的造像龛窟，通过娓娓道来之类风格的文章，向社会加以普及。这些建议，很快就促成我当年萌芽于心的构想开始落地。随之，我便立即启动开展写作，计划用60篇左右的文章，以通俗的笔法对大足石刻发展历程作出介绍，并结合已有的研究成果，对一些重要龛窟进行解读，并于2018年元月开始在大足石刻微信公众号上陆续推出。在公众号上推出时，该系列文章所取的名称为“石刻 · 足迹”，也就是大足石刻的历史演变踪迹。不久，为让该普及读本成果得到更好的推广，便以“大足石刻文化历程探寻”的项目名称，申报大足区2018年度科技发展项目，很荣幸，被列入人文社会专项（DAkJ，2018ABB1014）之中。因日常事务较多，我便主要利用空余时间撰写该系列文章。这一年多来，大多数业余时间都在电脑前或查询资料，或字斟句酌，或不断修改，或精选配图……而今，终于见到厚厚一大沓打印出来的书稿，虽然这不是人生的第一次，但仍难免有些许激动。

一本书写到后记这个时候，一些温暖的人生场景总是历历在目。

在写作中，总有些积压在心的温暖场景，一直在默默地支持着我前行。由于该书的配图量很大，尤其是在大足石刻微信公众号上发布，每篇的图片在 10 幅左右，仅凭一个人的力量很难完成，项目组的杨光宇、唐长清总是为图片竭尽全力予以提供。加之部分石刻点在写作时，又有所新感悟，急需实地考察，他们总是毫无怨言，一道前往大足起伏的山间，在石刻造像点前仔细考察。记得 2018 年元月的一天，因为撰写圣水寺石刻，需要实地再摄影和考察造像，我们下午抽空便赶往圣水寺，不料，因为乡村道路狭窄，同事自己的车稍微不小心就陷入路边的空凼之中，而周边又人烟稀少，几经联系，直至夜色逼近才从大足城内叫来吊车，随后返回城区，已经是寒气逼人的夜晚啦！

按照之前的计划，本书的文章都在大足石刻微信公众号上予以发布。为让读者更为直观地了解大足石刻及其相关文献资料，在每一篇都有较多的配图，这一点，杨光宇、唐长清等诸多同仁提供了大量的支持。而每一篇文章在公众号上的发布，都需要经过相关程序的审核，肩负公众号审核发布的大足石刻研究院副院长刘贤高、院办秘书科杨娟等，每一篇文章都精心加以审读，并提出了诸多良好的建议。而每一篇文章的发布，都受到较多读者的关注与点赞，一些系列文章在微信发布后的留言，读来令我倍增写作的信心。值得一提的是："石刻足迹"系列在微信发布时，每一篇文章都得到了熊艳妮女士的精心编排。

《大足日报》编辑部王尚英女士，在微信上阅读系列文章之后，便遴选一些重要龛窟的文章，推荐在《大足日报》上。《大足日报》编辑们以对大足文化宣传为己任的责任感，以整个版面的篇幅，在《大足日报》上以"石刻・足迹"为系列名，陆续发表。

这几年，大足电视台持续推出"一龛一说"栏目，"石刻・足迹"微信文章与"一龛一说"栏目组撰写的文稿，既有差异之处，也有共通之处，二者相辅相成，既为栏目组持续推进提供了较好的资料基础，又为我撰写文稿提供了诸多思路。

《大足石刻史话》的出版，离不开其内诸多石刻照片和拓片作者的支持，除部分历史照片在书内注明出处之外，其余图片资料主要来自杨光宇、唐长清、罗国家、郑文武、毛世福、邓启兵、周颖、陈静、黄能迁等先生。而在写作中，除上述人之外，陈小平、戴修平、未小妹、龙小帆、何江、李新、覃毅以及院办公室等诸多同仁也帮助良多。

《大足石刻史话》写作与出版中，这些人与事，令我感到无比的温暖，成了我持之以恒写作与出版拙书的一个重要动力。在此，表示由衷的敬意与谢意！

一本书写到后记这个时候，其实，更有一些忐忑怀揣在心。

大足石刻历经唐、五代时期的孕育，至两宋时期达到鼎盛，并绵延至明清时期，遗存多达5万余尊造像、10万余字铭文。其中造像龛窟数量丰富，涉及的知识面广泛，近年来研究成果丰硕，拙书仅仅主要是对一些主要的龛窟进行介绍与解读，还遗漏一些具有艺术、历史价值的造像龛窟，书中还未论及；一些重要的学术观点，在文中还未得以充分地引用与解读。这些都与自身学识与掌握的资料有限相关。因此，书中还存在一些不足之处，恳请读者多多指正！

李小强

2019 年 3 月于大足石刻研究院